《"十四五"现代能源体系规划》辅导读本

《"SHISIWU" XIANDAI NENGYUAN TIXI GUIHUA》
FUDAO DUBEN

国家能源局　编写

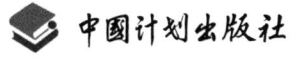中国计划出版社

北　京

版权所有　侵权必究

本书环衬使用中国计划出版社专用防伪纸，封面贴有中国计划出版社专用防伪标，否则为盗版书。请读者注意鉴别、监督！

侵权举报电话：（010）63906404

如有印装质量问题，请寄本社出版部调换（010）63906420

图书在版编目（CIP）数据

《"十四五"现代能源体系规划》辅导读本 / 国家能源局编写. -- 北京：中国计划出版社，2022.6

ISBN 978-7-5182-1468-6

Ⅰ．①十… Ⅱ．①国… Ⅲ．①能源发展—中国—学习参考资料 Ⅳ．① F426.2

中国版本图书馆 CIP 数据核字 (2022) 第 107146 号

策划编辑：李　陵　张文征　　责任编辑：李　陵　张文征
封面设计：韩可斌　　　　　　责任校对：杨奇志　谭佳艺
责任印制：李　晨　王亚军

中国计划出版社出版发行
网址：www.jhpress.com
地址：北京市西城区木樨地北里甲 11 号国宏大厦 C 座 3 层
邮政编码：100038　电话：（010）63906433（发行部）
北京汇瑞嘉合文化发展有限公司印刷

787mm×1092mm　1/16　14 印张　144 千字
2022 年 6 月第 1 版　2022 年 6 月第 1 次印刷

定价：78.00 元

前　言

2022年1月，经国务院批复同意，国家发展改革委、国家能源局印发了《"十四五"现代能源体系规划》（发改能源〔2022〕210号）。《"十四五"现代能源体系规划》（以下简称《规划》）根据《中华人民共和国国民经济和社会发展第十四个五年规划和2035年远景目标纲要》编制，主要阐明我国能源发展方针、主要目标和任务举措，是"十四五"时期加快构建现代能源体系、推动能源高质量发展的总体蓝图和行动纲领。

为了使社会各界全面、准确理解《规划》，凝聚各方面共识和力量，共同推动"十四五"能源规划有效实施，国家能源局组织编写了《〈"十四五"现代能源体系规划〉辅导读本》。本辅导读本各讲由国家能源局参与《规划》研究编制的同志共同撰写，是对"十四五"能源发展工作的系统论述和深刻阐释。希望本书的出版对广大读者尤其是能源工作者进一步学习和理解《规划》有所裨益。

目录 CONTENTS

▶▶ "十四五"现代能源体系规划 001

▶▶ 总论 全面构建现代能源体系 推动新时代能源高质量发展 041
    一、全面认识我国现代能源体系建设基础 042
    二、准确把握国内外能源发展形势 045
    三、深入贯彻党中央国务院对能源发展的各项要求 047
    四、采取有力举措全面构建现代能源体系 050

▶▶ 第一讲 全力保障国家能源安全 为经济社会发展提供
           有力支撑 057
    一、能源安全面临的形势和挑战 057
    二、保障国家能源安全的总体思路 062
    三、保障国家能源安全的重要举措 063

▶▶ 第二讲 贯彻碳达峰碳中和战略决策 加快能源绿色
           低碳转型 069
    一、加快能源绿色低碳转型具有重大战略意义 069
    二、推进能源绿色低碳转型的总体要求 072
    三、加快推动能源绿色低碳转型的重点任务 075

▶▶ 第三讲 增强能源创新发展动力 提升产业链现代化水平 083
    一、我国能源产业链现代化取得积极成效 083

二、"十四五"能源产业链现代化面临新形势新要求......085

三、"十四五"能源创新的主要任务......090

四、完善创新体系为能源产业链现代化提供坚实保障......091

▶▶第四讲 突出能源发展政策导向 推动如期实现规划目标......095

一、"十四五"能源发展的政策导向......095

二、"十四五"能源发展的主要目标......099

▶▶第五讲 推动构建新型电力系统......111

一、构建新型电力系统的背景与意义......111

二、"十四五"构建新型电力系统的思路与重点任务......113

三、加大支撑构建新型电力系统的政策供给......121

▶▶第六讲 加快推进可再生能源高质量发展......125

一、发展基础和总体思路......125

二、大规模开发可再生能源......126

三、高比例利用可再生能源......130

四、创新驱动可再生能源高质量发展......134

五、改革推动可再生能源市场化发展......139

▶▶第七讲 积极安全有序发展核电......141

一、世界核电发展现状......141

二、我国发展核电的重要意义 141

三、我国核电发展现状 143

四、持续提升核电安全水平 147

五、稳步有序推进核电建设 148

六、全面提升核电科技创新能力 148

七、大力加强核电配套体系建设 149

八、积极推动核电对外合作 150

▶▶ 第八讲 发挥煤炭安全兜底保障作用 151

一、能源低碳转型进程加快，煤炭兜底保障作用愈发凸显 ... 151

二、优化煤炭产能结构，调整生产开发布局 153

三、完善储备物流体系，做好煤炭保供工作 154

四、推进煤炭资源绿色智能开发，促进煤炭与新能源
优化组合 154

▶▶ 第九讲 提升油气供应保障能力 157

一、油气行业发展的形势与目标 157

二、切实提升油气供应保障能力 159

三、强化科技创新与绿色发展 160

▶▶ 第十讲 强化电力安全保障 163

一、"十三五"我国电力安全发展取得突出成就 163

二、深刻认识我国电力安全形势 165
　　三、"十四五"保障电力安全主要举措 167

▶▶ 第十一讲　深化能源体制机制改革 175
　　一、能源体制机制改革面临的形势 175
　　二、"十四五"能源体制机制改革的总体思路 176
　　三、"十四五"能源体制机制改革的重点任务 178

▶▶ 第十二讲　加强和规范能源监管 187
　　一、深刻认识加强和规范能源监管的重要意义 187
　　二、"十四五"加强和规范能源监管的重点任务 189

▶▶ 第十三讲　开拓能源国际合作新局面 199
　　一、我国能源国际合作现状 199
　　二、我国能源国际合作面临的形势 200
　　三、能源国际合作的总体思路 202
　　四、能源国际合作的主要任务 203

▶▶ 附录　名词解释 205

▶▶ 后记 216

"十四五"现代能源体系规划

能源是人类文明进步的重要物质基础和动力,攸关国计民生和国家安全。当今世界,新冠肺炎疫情影响广泛深远,百年未有之大变局加速演进,新一轮科技革命和产业变革深入发展,全球气候治理呈现新局面,新能源和信息技术紧密融合,生产生活方式加快转向低碳化、智能化,能源体系和发展模式正在进入非化石能源主导的崭新阶段。加快构建现代能源体系是保障国家能源安全,力争如期实现碳达峰、碳中和的内在要求,也是推动实现经济社会高质量发展的重要支撑。本规划根据《中华人民共和国国民经济和社会发展第十四个五年规划和2035年远景目标纲要》编制,主要阐明我国能源发展方针、主要目标和任务举措,是"十四五"时期加快构建现代能源体系、推动能源高质量发展的总体蓝图和行动纲领。

第一章 发展环境与形势

经过多年发展,世界能源转型已由起步蓄力期转向全面加速期,正在推动全球能源和工业体系加快演变重构。我国能源革命方兴未艾,能源结构持续优化,形成了多轮驱动的供应体系,核电和可再生能源发展处于世界前列，具备加快能源转型发展的基础和优势；但发展不平衡不充分问题仍然突出，供应链安全和产业链现代化水平有待提升，构建现代能源体系面临新的机遇和挑战。

一、全球能源体系深刻变革

能源结构低碳化转型加速推进。本世纪以来，全球能源结构加快调整，新能源技术水平和经济性大幅提升，风能和太阳能利用实现跃升发展，规模增长了数十倍。全球应对气候变化开启新征程，《巴黎协定》得到国际社会广泛支持和参与，近五年来可再生能源提供了全球新增发电量的约60%。中国、欧盟、美国、日本等130多个国家和地区提出了碳中和目标，世界主要经济体积极推动经济绿色复苏，绿色产业已成为重要投资领域，清洁低碳能源发展迎来新机遇。

能源系统多元化迭代蓬勃演进。能源系统形态加速变革，分散化、扁平化、去中心化的趋势特征日益明显，分布式能源快速发展，能源生产逐步向集中式与分散式并重转变，系统模式由大基地大网络为主逐步向与微电网、智能微网并行转变，推动新能源利用效率提升和经济成本下降。新型储能和氢能有望规模化发展并带动能源系统形态根本性变革，构建新能源占比逐渐提高的新型电力系统蓄势待发，能源转型技术路线和发展模式趋于多元化。

能源产业智能化升级进程加快。互联网、大数据、人工智能等现代信息技术加快与能源产业深度融合。智慧电厂、智能电网、智能机器人勘探开采等应用快速推广，无人值守、故障诊断等能源生产运行技术信息化智能化水平持续提升。工业园区、城镇社区、公共建筑等领域综合能源服务、智慧用能模式大量涌现，能源系统向智能灵活调节、供需实时互动方向发展，推动能源生产消费方式深刻变革。

能源供需多极化格局深入演变。全球能源供需版图深度调整，进一步呈现消费重心东倾、生产重心西移的态势，近十年来亚太地区能源消费占全球的比重不断提高，北美地区原油、天然气生产增量分别达到全球增量的80%和30%以上。能源低碳转型推动全球能源格局重塑，众多国家积极发展新能源，加快化石能源清洁替代，带来全球能源供需新变化。

二、我国步入构建现代能源体系的新阶段

能源安全保障进入关键攻坚期。能源供应保障基础不断夯实，资源配置能力明显提升，连续多年保持供需总体平衡有余。"十三五"以来，国内原油产量稳步回升，天然气产量较快增长，年均增量超过100亿立方米，油气管道总里程达到17.5万公里，发电装机容量达到22亿千瓦，西电东送能力达到2.7亿千瓦，有力保障了经济社会发展和民生用能需求。但同时，能源安全新旧风险交织，"十四五"时期能源安全保障将进入固根基、扬优势、补短板、强弱项的新阶段。

能源低碳转型进入重要窗口期。"十三五"时期，我国能源结

构持续优化，低碳转型成效显著，非化石能源消费比重达到15.9%，煤炭消费比重下降至56.8%，常规水电、风电、太阳能发电、核电装机容量分别达到3.4亿千瓦、2.8亿千瓦、2.5亿千瓦、0.5亿千瓦，非化石能源发电装机容量稳居世界第一。"十四五"时期是为力争在2030年前实现碳达峰、2060年前实现碳中和打好基础的关键时期，必须协同推进能源低碳转型与供给保障，加快能源系统调整以适应新能源大规模发展，推动形成绿色发展方式和生活方式。

现代能源产业进入创新升级期。能源科技创新能力显著提升，产业发展能力持续增强，新能源和电力装备制造能力全球领先，低风速风力发电技术、光伏电池转换效率等不断取得新突破，全面掌握三代核电技术，煤制油气、中俄东线天然气管道、±500千伏柔性直流电网、±1 100千伏直流输电等重大项目投产，超大规模电网运行控制实践经验不断丰富，总体看，我国能源技术装备形成了一定优势。围绕做好碳达峰、碳中和工作，能源系统面临全新变革需要，迫切要求进一步增强科技创新引领和战略支撑作用，全面提高能源产业基础高级化和产业链现代化水平。

能源普遍服务进入巩固提升期。"十三五"时期，能源惠民利民成果丰硕，能源普遍服务水平显著提升，"人人享有电力"得到有力保障，全面完成新一轮农网改造升级，大电网覆盖范围内贫困村通动力电比例达到100%，农网供电可靠率总体达到99.8%，建成光伏扶贫电站装机约2 600万千瓦，"获得电力"服务水平大幅提升，用能成本持续降低，营商环境不断优化。北方地区清洁取暖率达到65%以上。但同时，能源基础设施和服务水平的城乡差距依然明显，供能品质有待进一步提高。要聚焦更好满足人民日益增长的美好生活需要，助力巩固拓展脱贫攻坚成果同乡村振兴有效衔接，进一步提升能源发展共享水平。

专栏1 "十三五"能源发展主要成就

指标	2015年	2020年	年均/累计
能源消费总量（亿吨标准煤）	43.4	49.8	2.8%
能源消费结构占比			
其中：煤炭（%）	63.8	56.8	〔-7.0〕
石油（%）	18.3	18.9	〔0.6〕
天然气（%）	5.9	8.4	〔2.5〕
非化石能源（%）	12.0	15.9	〔3.9〕
一次能源生产量（亿吨标准煤）	36.2	40.8	2.5%
发电装机容量（亿千瓦）	15.3	22.0	7.5%
其中：水电（亿千瓦）	3.2	3.7	2.9%
煤电（亿千瓦）	9.0	10.8	3.7%
气电（亿千瓦）	0.7	1.0	8.2%
核电（亿千瓦）	0.3	0.5	13.0%
风电（亿千瓦）	1.3	2.8	16.6%
太阳能发电（亿千瓦）	0.4	2.5	44.3%
生物质发电（亿千瓦）	0.1	0.3	23.4%
西电东送能力（亿千瓦）	1.4	2.7	13.2%
油气管网总里程（万公里）	11.2	17.5	9.3%

注：①〔 〕内为五年累计数。②水电包含常规水电和抽水蓄能电站。

第二章 指导方针和主要目标

三、指导思想

以习近平新时代中国特色社会主义思想为指导，全面贯彻党的十九大和十九届历次全会精神，深入贯彻习近平生态文明思想，坚持稳中求进工作总基调，立足新发展阶段，完整、准确、全面贯彻新发展理念，加快构建新发展格局，以推动高质量发展为主题，以深化供给侧结构性改革为主线，以改革创新为根本动力，以满足经济社会发展和人民日益增长的美好生活需要为根本目的，深入推动能源消费革命、供给革命、技术革命、体制革命，全方位加强国际合作，做好碳达峰、碳中和工作，统筹稳增长和调结构，处理好发展和减排、整体和局部、长远目标和短期目标、政府和市场的关系，着力增强能源供应链安全性和稳定性，着力推动能源生产消费方式绿色低碳变革，着力提升能源产业链现代化水平，加快构建清洁低碳、安全高效的能源体系，加快建设能源强国，为全面建设社会主义现代化国家提供坚实可靠的能源保障。

四、基本原则

*保障安全，绿色低碳。*统筹发展和安全，坚持先立后破、通盘谋划，以保障安全为前提构建现代能源体系，不断增强风险应对能力，确保国家能源安全。践行绿水青山就是金山银山理念，坚持走生态优先、绿色低碳的发展道路，加快调整能源结构，协同推进能

源供给保障与低碳转型。

创新驱动，智能高效。坚持把创新作为引领发展的第一动力，着力增强能源科技创新能力，加快能源产业数字化和智能化升级，推动质量变革、效率变革、动力变革，推进产业链现代化。

深化改革，扩大开放。充分发挥市场在资源配置中的决定性作用，更好发挥政府作用，破除制约能源高质量发展的体制机制障碍，坚持实施更大范围、更宽领域、更深层次的对外开放，开拓能源国际合作新局面。

民生优先，共享发展。坚持以人民为中心的发展思想，持续提升能源普遍服务水平，强化民生领域能源需求保障，推动能源发展成果更多更好惠及广大人民群众，为实现人民对美好生活的向往提供坚强能源保障。

五、发展目标

"十四五"时期现代能源体系建设的主要目标是：

——能源保障更加安全有力。到2025年，国内能源年综合生产能力达到46亿吨标准煤以上，原油年产量回升并稳定在2亿吨水平，天然气年产量达到2 300亿立方米以上，发电装机总容量达到约30亿千瓦，能源储备体系更加完善，能源自主供给能力进一步增强。重点城市、核心区域、重要用户电力应急安全保障能力明显提升。

——能源低碳转型成效显著。单位国内生产总值（GDP）二氧化碳排放五年累计下降18%。到2025年，非化石能源消费比重提高到20%左右，非化石能源发电量比重达到39%左右，电气化水平持续提升，电能占终端用能比重达到30%左右。

——能源系统效率大幅提高。节能降耗成效显著，单位GDP能耗五年累计下降13.5%。能源资源配置更加合理，就近高效开发利用规模进一步扩大，输配效率明显提升。电力协调运行能力不断加强，到2025年，灵活调节电源占比达到24%左右，电力需求侧响应能力达到最大用电负荷的3%~5%。

——创新发展能力显著增强。新能源技术水平持续提升，新型电力系统建设取得阶段性进展，安全高效储能、氢能技术创新能力显著提高，减污降碳技术加快推广应用。能源产业数字化初具成效，智慧能源系统建设取得重要进展。"十四五"期间能源研发经费投入年均增长7%以上，新增关键技术突破领域达到50个左右。

——普遍服务水平持续提升。人民生产生活用能便利度和保障能力进一步增强，电、气、冷、热等多样化清洁能源可获得率显著提升，人均年生活用电量达到1 000千瓦时左右，天然气管网覆盖范围进一步扩大。城乡供能基础设施均衡发展，乡村清洁能源供应能力不断增强，城乡供电质量差距明显缩小。

展望2035年，能源高质量发展取得决定性进展，基本建成现代能源体系。能源安全保障能力大幅提升，绿色生产和消费模式广泛形成，非化石能源消费比重在2030年达到25%的基础上进一步大幅提高，可再生能源发电成为主体电源，新型电力系统建设取得实质性成效，碳排放总量达峰后稳中有降。

第三章 增强能源供应链稳定性和安全性

强化底线思维，坚持立足国内、补齐短板、多元保障、强化储备，完善产供储销体系，不断增强风险应对能力，保障产业链供应链稳定和经济平稳发展。

六、强化战略安全保障

*增强油气供应能力。*加大国内油气勘探开发，坚持常非并举、海陆并重，强化重点盆地和海域油气基础地质调查和勘探，夯实资源接续基础。加快推进储量动用，抓好已开发油田"控递减"和"提高采收率"，推动老油气田稳产，加大新区产能建设力度，保障持续稳产增产。积极扩大非常规资源勘探开发，加快页岩油、页岩气、煤层气开发力度。石油产量稳中有升，力争2022年回升到2亿吨水平并较长时期稳产。天然气产量快速增长，力争2025年达到2 300亿立方米以上。

*加强安全战略技术储备。*做好煤制油气战略基地规划布局和管控，在统筹考虑环境承载能力等前提下，稳妥推进已列入规划项目有序实施，建立产能和技术储备，研究推进内蒙古鄂尔多斯、陕西榆林、山西晋北、新疆准东、新疆哈密等煤制油气战略基地建设。按照不与粮争地、不与人争粮的原则，提升燃料乙醇综合效益，大力发展纤维素燃料乙醇、生物柴油、生物航空煤油等非粮生物燃料。

七、提升运行安全水平

加强煤炭安全托底保障。优化煤炭产能布局,建设山西、蒙西、蒙东、陕北、新疆五大煤炭供应保障基地,完善煤炭跨区域运输通道和集疏运体系,增强煤炭跨区域供应保障能力。持续优化煤炭生产结构,以发展先进产能为重点,布局一批资源条件好、竞争能力强、安全保障程度高的大型现代化煤矿,强化智能化和安全高效矿井建设,禁止建设高危矿井,加快推动落后产能、无效产能和不具备安全生产条件的煤矿关闭退出。建立健全以企业社会责任储备为主体、地方政府储备为补充、产品储备与产能储备有机结合的煤炭储备体系。

发挥煤电支撑性调节性作用。统筹电力保供和减污降碳,根据发展需要合理建设先进煤电,保持系统安全稳定运行必需的合理裕度,加快推进煤电由主体性电源向提供可靠容量、调峰调频等辅助服务的基础保障性和系统调节性电源转型,充分发挥现有煤电机组应急调峰能力,有序推进支撑性、调节性电源建设。

提升天然气储备和调节能力。统筹推进地下储气库、液化天然气(LNG)接收站等储气设施建设。构建供气企业、国家管网、城镇燃气企业和地方政府四方协同履约新机制,推动各方落实储气责任。同步提高管存调节能力、地下储气库采气调节能力和LNG气化外输调节能力,提升天然气管网保供季调峰水平。全面实行天然气购销合同管理,坚持合同化保供,加强供需市场调节,强化居民

用气保障力度，优化天然气使用方向，新增天然气量优先保障居民生活需要和北方地区冬季清洁取暖。到2025年，全国集约布局的储气能力达到550亿~600亿立方米，占天然气消费量的比重约13%。

维护能源基础设施安全。 加强重要能源设施安全防护和保护，完善联防联控机制，重点确保核电站、水电站、枢纽变电站、重要换流站、重要输电通道、大型能源化工项目等设施安全，加强油气管道保护。全面加强核电安全管理，实行最严格的安全标准和最严格的监管，始终把"安全第一、质量第一"的方针贯穿于核电建设、运行、退役的各个环节，将全链条安全责任落实到人，持续提升在运在建机组安全水平，确保万无一失。继续通过中央预算内投资专项支持煤矿安全改造，提升煤矿安全保障能力。

八、加强应急安全管控

强化重点区域电力安全保障。 按照"重点保障、局部坚韧、快速恢复"的原则，以直辖市、省会城市、计划单列市为重点，提升电力应急供应和事故恢复能力。统筹本地电网结构优化和互联输电通道建设，合理提高核心区域和重要用户的相关线路、变电站建设标准，加强事故状态下的电网互济支撑。推进本地应急保障电源建设，鼓励具备条件的重要用户发展分布式电源和微电网，完善用户应急自备电源配置，统筹安排城市黑启动电源和公用应急移动电源建设。"十四五"期间，在重点城市布局一批坚强局部电网。

提升能源网络安全管控水平。完善电力监控系统安全防控体系，加强电力、油气行业关键信息基础设施安全保护能力建设。推进北斗全球卫星导航系统等在能源行业的应用。加强网络安全关键技术研究，推动建立能源行业、企业网络安全态势感知和监测预警平台，提高风险分析研判和预警能力。

加强风险隐患治理和应急管控。开展重要设施、重点环节隐患排查治理，强化设备监测和巡视维护，提高对地震地质灾害、极

专栏 2　能源安全保障重点工程
油气勘探开发。立足四川盆地、塔里木盆地、鄂尔多斯盆地、准噶尔盆地、松辽盆地、渤海湾盆地、柴达木盆地等重点盆地，加强中西部地区和海域风险勘探，强化东部老区精细勘探。推动准噶尔盆地玛湖、吉木萨尔页岩油，鄂尔多斯盆地页岩油、致密气，松辽盆地大庆古龙页岩油，四川盆地川中古隆起、川南页岩气，塔里木盆地顺北、富满、博孜—大北，鄂西、陕南、滇黔北页岩气，海域渤中、垦利、恩平等油气上产工程。加快推进四川盆地"气大庆"、塔里木盆地"深层油气大庆"、鄂尔多斯亿吨级"油气超级盆地"等标志性工程。加强沁水盆地、鄂尔多斯盆地东缘煤层气勘探开发。开展南海等地区天然气水合物试采。
储气库及 LNG 接收站。打造华北、东北、西南、西北等数个百亿方级地下储气库群。优先推进重要港址已建、在建和规划的 LNG 接收站项目。
煤炭储备。支持符合条件的企业履行社会责任，在煤炭生产地、消费地、铁路交通枢纽、主要中转港口建设煤炭储备。
网络安全管控。加快推进电力监控系统安全防护体系完善工程、电力信息系统密码基础设施建设工程、北斗时空基础设施应用及智能化运营体系工程建设，开展北斗时频网建设，推进重点企业电力北斗综合服务平台建设和终端应用试点。建成电力行业网络安全态势感知平台和全业务、分布式、高仿真的电力行业网络安全仿真验证环境。
风险与应急管控。初步建成流域水电安全与应急管理信息平台、水电站（大坝）安全和应急管理平台。建设电力安全应急指挥平台。

端天气、火灾等安全风险的预测预警和防御应对能力。推进电力应急体系建设，强化地方政府、企业的主体责任，建立电力安全应急指挥平台、培训演练基地、抢险救援队伍和专家库。完善应急预案体系，编制紧急情况下应急处置方案，开展实战型应急演练，提高快速响应能力。建立健全电化学储能、氢能等建设标准，强化重点监管，提升产品本质安全水平和应急处置能力。合理提升能源领域安全防御标准，健全电力设施保护、安全防护和反恐怖防范等制度标准。

第四章 加快推动能源绿色低碳转型

坚持生态优先、绿色发展，壮大清洁能源产业，实施可再生能源替代行动，推动构建新型电力系统，促进新能源占比逐渐提高，推动煤炭和新能源优化组合。坚持全国一盘棋，科学有序推进实现碳达峰、碳中和目标，不断提升绿色发展能力。

九、大力发展非化石能源

加快发展风电、太阳能发电。全面推进风电和太阳能发电大规模开发和高质量发展，优先就地就近开发利用，加快负荷中心及周边地区分散式风电和分布式光伏建设，推广应用低风速风电技术。在风能和太阳能资源禀赋较好、建设条件优越、具备持续整装开发条件、符合区域生态环境保护等要求的地区，有序推进风电和光伏发电集中式开发，加快推进以沙漠、戈壁、荒漠地区为重点的大型风电光伏基地项目建设，积极推进黄河上游、新疆、冀北等多能互补清洁能源基地建设。积极推动工业园区、经济开发区等屋顶光伏开发利用，推广光伏发电与建筑一体化应用。开展风电、光伏发电制氢示范。鼓励建设海上风电基地，推进海上风电向深水远岸区域布局。积极发展太阳能热发电。

*因地制宜开发水电。*坚持生态优先、统筹考虑、适度开发、确保底线，积极推进水电基地建设，推动金沙江上游、雅砻江中游、黄河上游等河段水电项目开工建设。实施雅鲁藏布江下游水电开发等重大工程。实施小水电清理整改，推进绿色改造和现代化提升。推动西南地区水电与风电、太阳能发电协同互补。到2025年，常规水电装机容量达到3.8亿千瓦左右。

*积极安全有序发展核电。*在确保安全的前提下，积极有序推动沿海核电项目建设，保持平稳建设节奏，合理布局新增沿海核电项目。开展核能综合利用示范，积极推动高温气冷堆、快堆、模块化小型堆、海上浮动堆等先进堆型示范工程，推动核能在清洁供暖、工业供热、海水淡化等领域的综合利用。切实做好核电厂址资源保护。到2025年，核电运行装机容量达到7 000万千瓦左右。

*因地制宜发展其他可再生能源。*推进生物质能多元化利用，稳步发展城镇生活垃圾焚烧发电，有序发展农林生物质发电和沼气发电，因地制宜发展生物质能清洁供暖，在粮食主产区和畜禽养殖集

中区统筹规划建设生物天然气工程,促进先进生物液体燃料产业化发展。积极推进地热能供热制冷,在具备高温地热资源条件的地区有序开展地热能发电示范。因地制宜开发利用海洋能,推动海洋能发电在近海岛屿供电、深远海开发、海上能源补给等领域应用。

十、推动构建新型电力系统

推动电力系统向适应大规模高比例新能源方向演进。统筹高比例新能源发展和电力安全稳定运行,加快电力系统数字化升级和新型电力系统建设迭代发展,全面推动新型电力技术应用和运行模式创新,深化电力体制改革。以电网为基础平台,增强电力系统资源优化配置能力,提升电网智能化水平,推动电网主动适应大规模集中式新能源和量大面广的分布式能源发展。加大力度规划建设以大型风光电基地为基础、以其周边清洁高效先进节能的煤电为支撑、以稳定安全可靠的特高压输变电线路为载体的新能源供给消纳体系。建设智能高效的调度运行体系,探索电力、热力、天然气等多种能源联合调度机制,促进协调运行。以用户为中心,加强供需双向互动,积极推动源网荷储一体化发展。

创新电网结构形态和运行模式。加快配电网改造升级,推动智能配电网、主动配电网建设,提高配电网接纳新能源和多元化负荷的承载力和灵活性,促进新能源优先就地就近开发利用。积极发展以消纳新能源为主的智能微电网,实现与大电网兼容互补。完善区域电网主网架结构,推动电网之间柔性可控互联,构建规模合理、分层分区、安全可靠的电力系统，提升电网适应新能源的动态稳定水平。科学推进新能源电力跨省跨区输送，稳步推广柔性直流输电，优化输电曲线和价格机制，加强送受端电网协同调峰运行，提高全网消纳新能源能力。

*增强电源协调优化运行能力。*提高风电和光伏发电功率预测水平，完善并网标准体系，建设系统友好型新能源场站。全面实施煤电机组灵活性改造，优先提升30万千瓦级煤电机组深度调峰能力，推进企业燃煤自备电厂参与系统调峰。因地制宜建设天然气调峰电站和发展储热型太阳能热发电，推动气电、太阳能热发电与风电、光伏发电融合发展、联合运行。加快推进抽水蓄能电站建设，实施全国新一轮抽水蓄能中长期发展规划，推动已纳入规划、条件成熟的大型抽水蓄能电站开工建设。优化电源侧多能互补调度运行方式，充分挖掘电源调峰潜力。力争到2025年，煤电机组灵活性改造规模累计超过2亿千瓦，抽水蓄能装机容量达到6 200万千瓦以上、在建装机容量达到6 000万千瓦左右。

*加快新型储能技术规模化应用。*大力推进电源侧储能发展，合理配置储能规模，改善新能源场站出力特性，支持分布式新能源合理配置储能系统。优化布局电网侧储能，发挥储能消纳新能源、削峰填谷、增强电网稳定性和应急供电等多重作用。积极支持用户侧储能多元化发展，提高用户供电可靠性，鼓励电动汽车、不间断电源等用户侧储能参与系统调峰调频。拓宽储能应用场景，推动电化学储能、梯级电站储能、压缩空气储能、飞轮储能等技术多元化应

用，探索储能聚合利用、共享利用等新模式新业态。

大力提升电力负荷弹性。加强电力需求侧响应能力建设，整合分散需求响应资源，引导用户优化储用电模式，高比例释放居民、

专栏3 能源绿色低碳转型工程
水电。建成投产金沙江乌东德（已建成投产）、白鹤滩（部分机组已建成投产），雅砻江两河口（部分机组已建成投产）等水电站。推进金沙江拉哇、大渡河双江口等水电站建设。力争开工金沙江岗托、旭龙，雅砻江牙根二级、孟底沟（已核准开工），大渡河丹巴，黄河羊曲（已核准开工）等水电站。深入开展奔子栏、龙盘、古学等水电站前期论证。实施雅鲁藏布江下游水电开发等重大工程。
核电。建成投产辽宁红沿河5、6号（5号已建成投产）；山东石岛湾高温气冷堆、"国和一号"示范项目；江苏田湾6号（已建成投产）；福建福清5、6号（5号已建成投产），漳州一期1、2号；广东太平岭一期1、2号；广西防城港3、4号等核电机组。
风电和光伏发电。积极推进东部和中部等地区分散式风电和分布式光伏建设，优化推进新疆、青海、甘肃、内蒙古、宁夏、陕北、晋北、冀北、辽宁、吉林、黑龙江等地区陆上风电和光伏发电基地化开发，重点建设广东、福建、浙江、江苏、山东等海上风电基地。
生物质能和地热能。稳步发展城镇生活垃圾焚烧发电，有序发展农林生物质发电和沼气发电，建设千万立方米级生物天然气工程。在京津冀、山西、陕西、河南、湖北等区域大力推进中深层地热能供暖制冷，在西藏、川西、青海等高温地热资源丰富地区建设一批地热能发电示范项目。
灵活调节电源。推进桐城、磐安、泰安二期、浑源等抽水蓄能电站建设，开工大雅河、尚志、滦平、徐水、灵寿、美岱、乌海、泰顺（已核准开工）、天台（已核准开工）、建德、桐庐、宁国、岳西、石台、霍山、连云港、洪屏二期、大幕山、平坦原（已核准开工）、紫云山、安化、栗子湾（已核准开工）、哇让、牛首山（已核准开工）、贵阳（石厂坝）、南宁（已核准开工）、黔南（黄丝）、羊林等抽水蓄能电站。开展黄河上游梯级电站大型储能项目研究。在青海、新疆、甘肃、内蒙古等地区推动太阳能热发电与风电、光伏发电配套发展。重点对30万千瓦及以下煤电机组进行灵活性改造，对于调峰困难地区研究推动60万千瓦亚临界煤电机组灵活性改造。

一般工商业用电负荷的弹性。引导大工业负荷参与辅助服务市场，鼓励电解铝、铁合金、多晶硅等电价敏感型高载能负荷改善生产工艺和流程，发挥可中断负荷、可控负荷等功能。开展工业可调节负荷、楼宇空调负荷、大数据中心负荷、用户侧储能、新能源汽车与电网（V2G）能量互动等各类资源聚合的虚拟电厂示范。力争到2025年，电力需求侧响应能力达到最大负荷的3%~5%，其中华东、华中、南方等地区达到最大负荷的5%左右。

十一、减少能源产业碳足迹

推进化石能源开发生产环节碳减排。推动化石能源绿色低碳开采，强化煤炭绿色开采和洗选加工，加大油气田甲烷采收利用力度，加快二氧化碳驱油技术推广应用。到2025年，煤矿瓦斯利用量达到60亿立方米，原煤入选率达到80%。推广能源开采先进技术装备，加快对燃油、燃气、燃煤设备的电气化改造，提高海上油气平台供能中的电力占比。

促进能源加工储运环节提效降碳。推进炼化产业转型升级，严控新增炼油产能，有序推动落后和低效产能退出，延伸产业链，增加高附加值产品比重，提升资源综合利用水平，加快绿色炼厂、智能炼厂建设。推进煤炭分质分级梯级利用。有序淘汰煤电落后产能，"十四五"期间淘汰（含到期退役机组）3 000万千瓦。新建煤矿项目优先采用铁路、水运等清洁化煤炭运输方式。加强能源加工储运设施节能及余能回收利用，推广余热余压、LNG冷能等余能综合利用技术。

*推动能源产业和生态治理协同发展。*加强矿区生态环境治理修复,开展煤矸石综合利用。创新矿区循环经济发展模式,探索利用采煤沉陷区、露天矿排土场、废弃露天矿坑、关停高污染矿区发展风电、光伏发电、生态碳汇等产业。因地制宜发展"光伏+"综合利用模式,推动光伏治沙、林光互补、农光互补、牧光互补、渔光互补,实现太阳能发电与生态修复、农林牧渔业等协同发展。

十二、更大力度强化节能降碳

*完善能耗"双控"与碳排放控制制度。*严格控制能耗强度,能耗强度目标在"十四五"规划期内统筹考核,并留有适当弹性,新增可再生能源和原料用能不纳入能源消费总量控制。加强产业布局和能耗"双控"政策衔接,推动地方落实用能预算管理制度,严格实施节能评估和审查制度,坚决遏制高耗能高排放低水平项目盲目发展,优先保障居民生活、现代服务业、高技术产业和先进制造业等用能需求。加快全国碳排放权交易市场建设,推动能耗"双控"向碳排放总量和强度"双控"转变。

大力推动煤炭清洁高效利用。"十四五"时期严格合理控制煤炭消费增长。严格控制钢铁、化工、水泥等主要用煤行业煤炭消费。大力推动煤电节能降碳改造、灵活性改造、供热改造"三改联动","十四五"期间节能改造规模不低于3.5亿千瓦。新增煤电机组全部按照超低排放标准建设、煤耗标准达到国际先进水平。持续

推进北方地区冬季清洁取暖，推广热电联产改造和工业余热余压综合利用，逐步淘汰供热管网覆盖范围内的燃煤小锅炉和散煤，鼓励公共机构、居民使用非燃煤高效供暖产品。力争到 2025 年，大气污染防治重点区域散煤基本清零，基本淘汰 35 蒸吨/小时以下燃煤锅炉。

实施重点行业领域节能降碳行动。 加强工业领域节能和能效提升，深入实施节能监察、节能诊断，推广节能低碳工艺技术装备，推动重点行业节能改造，加快工业节能与绿色制造标准制修订，开展能效对标达标和能效"领跑者"行动，推进绿色制造。持续提高新建建筑节能标准，加快推进超低能耗、近零能耗、低碳建筑规模化发展，大力推进城镇既有建筑和市政基础设施节能改造。加快推进建筑用能电气化和低碳化，推进太阳能、地热能、空气能、生物质能等可再生能源应用。构建绿色低碳交通运输体系，优化调整运输结构，大力发展多式联运，推动大宗货物中长距离运输"公转铁"、"公转水"，鼓励重载卡车、船舶领域使用 LNG 等清洁燃料替代，加强交通运输行业清洁能源供应保障。实施公共机构能效提升工程。推进数据中心、5G 通信基站等新型基础设施领域节能和能效提升，推动绿色数据中心建设。积极推进南方地区集中供冷、长江流域冷热联供。避免"一刀切"限电限产或运动式"减碳"。

提升终端用能低碳化电气化水平。 全面深入拓展电能替代，推动工业生产领域扩大电锅炉、电窑炉、电动力等应用，加强与落后产能置换的衔接。积极发展电力排灌、农产品加工、养殖等农业生

产加工方式。因地制宜推广空气源热泵、水源热泵、蓄热电锅炉等新型电采暖设备。推广商用电炊具、智能家电等设施，提高餐饮服务业、居民生活等终端用能领域电气化水平。实施港口岸电、空港陆电改造。积极推动新能源汽车在城市公交等领域应用，到2025年，新能源汽车新车销量占比达到20%左右。优化充电基础设施布局，全面推动车桩协同发展，推进电动汽车与智能电网间的能量和信息双向互动，开展光、储、充、换相结合的新型充换电场站试点示范。

实施绿色低碳全民行动。在全社会倡导节约用能，增强全民节约意识、环保意识、生态意识，引导形成简约适度、绿色低碳的生活方式，坚决遏制不合理能源消费。深入开展绿色低碳社会行动示范创建，营造绿色低碳生活新时尚。大力倡导自行车、公共交通工具等绿色出行方式。大力发展绿色消费，推广绿色低碳产品，完善节能低碳产品认证与标识制度。完善节能家电、高效照明产品等推广机制，以京津冀、长三角、粤港澳等区域为重点，鼓励建立家庭用能智慧化管理系统。

第五章 优化能源发展布局

统筹生态保护和高质量发展，加强区域能源供需衔接，优化能源开发利用布局，提高资源配置效率，推动农村能源转型变革，促进乡村振兴。

十三、合理配置能源资源

完善能源生产供应格局。 发挥能源富集地区战略安全支撑作用，加强能源资源综合开发利用基地建设，提升国内能源供给保障水平。加大能源就近开发利用力度，积极发展分布式能源，鼓励风电和太阳能发电优先本地消纳。优化能源输送格局，减少能源流向交叉和迂回，提高输送通道利用率。有序推进大型清洁能源基地电力外送，提高存量通道输送可再生能源电量比例，新建通道输送可再生能源电量比例原则上不低于50%，优先规划输送可再生能源电量比例更高的通道。加强重点区域能源供给保障和互济能力建设，着力解决东北和"两湖一江"（湖北、湖南、江西）等地区煤炭、电力时段性供需紧张问题。

加强电力和油气跨省跨区输送通道建设。 稳步推进资源富集区电力外送，加快已建通道的配套电源投产，重点建设金沙江上下游、雅砻江流域、黄河上游和"几"字弯、新疆、河西走廊等清洁能源基地输电通道，完善送受端电网结构，提高交流电网对直流输电通道的支撑。"十四五"期间，存量通道输电能力提升4 000万千瓦以上，新增开工建设跨省跨区输电通道6 000万千瓦以上，跨省跨区直流输电通道平均利用小时数力争达到4 500小时以上。完善原油和成品油长输管道建设，优化东部沿海地区炼厂原油供应，完善成品油管道布局，提高成品油管输比例。加快天然气长输管道

及区域天然气管网建设，推进管网互联互通，完善 LNG 储运体系。到 2025 年，全国油气管网规模达到 21 万公里左右。

十四、统筹提升区域能源发展水平

推进西部清洁能源基地绿色高效开发。推动黄河流域和新疆等资源富集区煤炭、油气绿色开采和清洁高效利用，合理控制黄河流域煤炭开发强度与规模。以长江经济带上游四川、云南和西藏等地区为重点，坚持生态优先，优化大型水电开发布局，推进西电东送接续水电项目建设。积极推进多能互补的清洁能源基地建设，科学优化电源规模配比，优先利用存量常规电源实施"风光水（储）"、"风光火（储）"等多能互补工程，大力发展风电、太阳能发电等新能源，最大化利用可再生能源。"十四五"期间，西部清洁能源基地年综合生产能力增加 3.5 亿吨标准煤以上。

提升东部和中部地区能源清洁低碳发展水平。以京津冀及周边地区、长三角、粤港澳大湾区等为重点，充分发挥区域比较优势，加快调整能源结构，开展能源生产消费绿色转型示范。安全有序推动沿海地区核电项目建设，统筹推动海上风电规模化开发，积极发展风能、太阳能、生物质能、地热能等新能源。大力发展源网荷储一体化。加强电力、天然气等清洁能源供应保障，稳步扩大区外输入规模。严格控制大气污染防治重点区域煤炭消费，在严控炼油产能规模基础上优化产能结构。"十四五"期间，东部和中部地区新增非化石能源年生产能力 1.5 亿吨标准煤以上。

专栏 4　区域能源发展重点及基础设施工程

大型清洁能源基地。 统筹推进云贵川藏、青海水风光综合开发，重点建设金沙江上下游、雅砻江流域、黄河上游等清洁能源基地，实施雅鲁藏布江下游水电开发等重大工程。依托存量和新增跨省跨区输电通道、火电"点对网"外送通道，推动风光水火储多能互补开发，重点建设黄河"几"字弯、河西走廊、新疆等清洁能源基地。以就地消纳为主，推进松辽、冀北清洁能源基地建设。积极推进东南部沿海地区海上风电集群化开发。

能源低碳转型引领区。 京津冀及周边地区，大力发展分布式光伏，推动地热能资源绿色开发利用，增加由蒙西、山西等地区送入的清洁电力规模，完善环渤海地区LNG储运体系，推进低碳冬奥示范区、雄安智慧能源城市等绿色低碳发展试点示范。长三角地区，稳步推进田湾、三澳等核电建设，大力开发陆上分散式风电和分布式光伏发电，积极发展海上风电，推进沿海LNG接收站扩大规模，加强浙沪、浙苏、苏皖等天然气管道联通。粤港澳大湾区及周边地区，稳步推进惠州核电建设，积极开发海上风电，探索开发海洋能，加快阳江、梅州等抽蓄电站建设，鼓励增加天然气发电规模，完善LNG储运和天然气管网体系，积极推动储能电池应用示范。其他地区，推动中部地区加大可再生能源开发力度和外部引入规模，开展小水电清理整改，推进绿色小水电改造，因地制宜发展分布式光伏发电，建设黄河中下游绿色能源廊道，支持各地区因地制宜开展绿色低碳转型示范。

能源供应保障重点区域。 "两湖一江"地区，优先发展本地可再生能源，有序扩大能源调入规模，建设陕北至湖北（已建成投产）、雅中至江西（已建成投产）、金沙江上游至湖北等输电通道，依托浩吉铁路及其疏运系统合理布局路口煤电，增强能源安全储备能力，建设一批煤炭储备基地。东北地区，积极推进非化石能源开发和多元化利用，完善中俄东线配套支线管网，减缓东北三省煤炭产量下降速度，建设蒙东煤炭供应保障基地，提高滨洲线、集通线运煤能力，结合电力、热力需求有序安排煤电项目建设，加强冬季用煤用电保障。其他地区，加强能源供需衔接，有效解决区域性、时段性供需紧张等问题。

输电通道。 结合清洁能源基地开发和中东部地区电力供需形势，建成投产一批、开工建设一批、研究论证一批多能互补输电通道。

电网主网架。 完善华北、华东、华中区域内特高压交流网架结构，为特高压直流送入电力提供支撑，建设川渝特高压主网架，完善南方电网主网架。

天然气管网。 建设中俄东线管道南段、川气东送二线、西气东输三线中段、西气东输四线、山东龙口—中原文23储气库管道等工程。

十五、积极推动乡村能源变革

加快完善农村和边远地区能源基础设施。提升农村能源基础设施和公共服务水平,实施农村电网巩固提升工程,持续加强脱贫地区农村电网建设,提高农村电力保障水平,推动农村用能电气化升级。提升向边远地区输配电能力,在具备条件的农村地区、边远地区探索建设高可靠性可再生能源微电网。在气源有保障、经济可承受的情况下,有序推动供气设施向农村延伸。支持革命老区重大能源基础设施项目具备条件后按程序尽快启动建设。

加强乡村清洁能源保障。提高农村绿电供应能力,实施千家万户沐光行动、千乡万村驭风行动,积极推动屋顶光伏、农光互补、渔光互补等分布式光伏和分散式风电建设,因地制宜开发利用生物质能和地热能,推动形成新能源富民产业。坚持因地制宜推进北方地区农村冬季清洁取暖,加大电、气、生物质锅炉等清洁供暖方式推广应用力度,在分散供暖的农村地区,就地取材推广户用生物成型燃料炉具供暖。

实施乡村减污降碳行动。积极推动农村生产生活方式绿色转型,推广农用节能技术和产品,加快农业生产、农产品加工、生活取暖、炊事等领域用能的清洁替代。加强农村生产生活垃圾、畜禽粪污的资源化利用,全面实施秸秆综合利用,改善农村人居环境和生态空间。积极稳妥推进散煤治理,加强煤炭清洁化利用。以县域为单位开展绿色低碳发展示范区建设，探索建设"零碳村庄"等示范工程。

第六章 提升能源产业链现代化水平

加快能源领域关键核心技术和装备攻关，推动绿色低碳技术重大突破，加快能源全产业链数字化智能化升级，统筹推进补短板和锻长板，加快构筑支撑能源转型变革的先发优势。

十六、增强能源科技创新能力

锻造能源创新优势长板。 巩固非化石能源领域技术装备优势，持续提升风电、太阳能发电、生物质能、地热能、海洋能等开发利用的技术水平和经济性，开展三代核电技术优化研究，加强高比例可再生能源系统技术创新和应用。立足绿色低碳技术发展基础和优势，加快推动新型电力系统、新一代先进核能等方面技术突破。提高化石能源清洁高效利用技术水平，加强煤炭智能绿色开采、灵活高效燃煤发电、现代煤化工和生态环境保护技术研究，实施陆上常规油气高效勘探开发和炼化技术攻关。

强化储能、氢能等前沿科技攻关。 开展新型储能关键技术集中攻关，加快实现储能核心技术自主化，推动储能成本持续下降和规模化应用，完善储能技术标准和管理体系，提升安全运行水平。适

度超前部署一批氢能项目，着力攻克可再生能源制氢和氢能储运、应用及燃料电池等核心技术，力争氢能全产业链关键技术取得突破，推动氢能技术发展和示范应用。加强前沿技术研究，加快推广应用减污降碳技术。

实施科技创新示范工程。 依托我国能源市场空间大、工程实践机会多等优势，加大资金和政策扶持力度，重点在先进可再生能源发电

专栏5　科技创新示范工程

先进可再生能源发电及综合利用技术。 深远海域海上风电开发、高效光伏电池、光伏建筑一体化（BIPV）、先进生物质燃料、地热能、大型变速抽水蓄能及海水蓄能、海洋能规模化开发利用等技术研发及示范应用，新能源生态环境保护技术。

先进核能技术。 三代核电关键技术优化升级示范应用，模块化小型堆、（超）高温气冷堆、低温供热堆、快堆、熔盐堆、海上浮动式核动力平台等技术攻关及示范应用。支持新燃料、新材料等新技术研发应用。支持受控核聚变的前期研发，积极开展国际合作。

新型电力系统技术。 新能源发电并网及主动支撑、大容量远海风电友好送出、柔性直流、直流配电网、煤电机组灵活性改造、V2G、虚拟电厂、微电网等技术研发及示范应用。

安全高效储能。 电化学储能、梯级电站储能、飞轮储能、压缩空气储能和蓄热蓄冷等技术攻关及规模化示范应用，新型储能安全防范技术攻关及示范应用。

氢能。 高效可再生能源氢气制备、储运、应用和燃料电池等关键技术攻关及多元化示范应用。氢能在可再生能源消纳、电网调峰等场景示范应用。氢能、电能、热能等异质能源互联互通示范。

油气勘探开发技术。 深层页岩气、页岩油、海洋深水油气、煤层气勘探开发及示范应用，提升陆上油气采收率。

燃气轮机。 燃气轮机设计、试验、制造、运维检修等关键技术攻关及示范应用。

煤炭清洁高效开发利用技术。 煤炭绿色智能开采、先进燃煤发电、超临界二氧化碳发电、老旧煤电机组延寿升级改造、煤制油、煤制气、先进煤化工等技术研发及示范应用，在晋陕蒙新等地区建设二氧化碳捕集利用与封存示范工程。

和综合利用、小堆及核能综合利用、陆上常规和非常规及海洋油气高效勘探开发、燃气轮机、煤炭清洁高效开发利用等关键核心技术领域建设一批创新示范工程。瞄准新型电力系统、安全高效储能、氢能、新一代核能体系、二氧化碳捕集利用与封存、天然气水合物等前沿领域，实施一批具有前瞻性、战略性的国家重大科技示范项目。

十七、加快能源产业数字化智能化升级

推动能源基础设施数字化。加快信息技术和能源产业融合发展，推动能源产业数字化升级，加强新一代信息技术、人工智能、云计算、区块链、物联网、大数据等新技术在能源领域的推广应用。积极开展电厂、电网、油气田、油气管网、油气储备库、煤矿、终端用能等领域设备设施、工艺流程的智能化升级，提高能源系统灵活感知和高效生产运行能力。适应数字化、自动化、网络化能源基础设施发展要求，建设智能调度体系，实现源网荷储互动、多能协同互补及用能需求智能调控。

建设智慧能源平台和数据中心。面向能源供需衔接、生产服务等业务，支持各类市场主体发展企业级平台，因地制宜推进园区级、城市级、行业级平台建设，强化共性技术的平台化服务及商业模式创新，促进各级各类平台融合发展。鼓励建设各级各类能源数据中心，制定数据资源确权、开放、流通、交易相关制度，完善数据产权保护制度，加强能源数据资源开放共享，发挥能源大数据在行业管理和社会治理中的服务支撑作用。

实施智慧能源示范工程。以多能互补的清洁能源基地、源网荷储一体化项目、综合能源服务、智能微网、虚拟电厂等新模式新业态为依托，开展智能调度、能效管理、负荷智能调控等智慧能源系统技术示范。推广电力设备状态检修、厂站智能运行、作业机器人替代、大数据辅助决策等技术应用，加快"智能风机"、"智能光伏"等产业创新升级和行业特色应用，推进"智慧风电"、"智慧光伏"建设，推进电站数字化与无人化管理，开展新一代调

专栏6　智慧能源示范工程

智慧能源新模式新业态。区域（省）级、市（县）级、园区（居民区）级源网荷储一体化示范，多能互补建设风光储、风光水（储）、风光火（储）一体化示范，智慧城市、智慧园区、美丽乡村等智慧用能示范。

智慧能源平台和数据中心。多能互补集成与智能优化、用能需求智能调控、智慧能源生产服务、智慧能源系统数字孪生等平台和数据中心示范。

智慧风电。风电智能化运维、故障预警、精细化控制、场群控制等示范应用。

智慧光伏。光伏电站数字化、无人化管理，设备间互联互感、协同优化，光伏电站智能化调度、运维等示范应用。

智慧水电。水电智能化建设、多目标运行管理、智能监测和巡查、流域水电综合智慧管理等示范应用。

智慧电厂。数字化三维协同设计、智能施工管控、数字化移交、先进控制策略、大数据、云计算、物联网、人工智能、5G通信等示范应用。

智能电网。新一代调度自动化系统、配电网改造和智能化升级等示范应用。

智能油气管网。油气管网全数字化移交、全智能化运营、全生命周期管理等示范应用。

智慧油气田。勘探开发一体化智能云网平台、地上地下一体化智能生产管控平台、油气田地面绿色工艺与智能建设优化平台等技术装备及示范应用。

智能化煤矿。煤矿智能化高效开采、智能化选煤、矿山物联网、危险岗位机器人替代等示范应用。

度自动化系统示范。实施煤矿系统优化工程，因地制宜开展煤矿智能化示范工程建设，建设一批少人、无人示范煤矿。加强油气智能完井工艺攻关，加快智能地震解释、智能地质建模与油藏模拟等关键场景核心技术开发与应用示范。建设能源大数据、数字化管理示范平台。

十八、完善能源科技和产业创新体系

*整合优化科技资源配置。*以国家战略性需求为导向推进创新体系优化组合，加强能源技术创新平台建设，加快构建能源领域国家实验室，重组国家重点实验室，优化国家能源研发创新平台建设管理。推进科研院所、高等院校和企业科研力量优化配置和资源共享，深化军民科技协同创新。充分发挥社会主义市场经济条件下的新型举国体制优势，深入落实攻关任务"揭榜挂帅"等机制。提升能源核心关键技术产品产业化能力，完善技术要素市场，加强创新链和产业链对接，完善重大自主可控核心技术成果推广应用机制，推动首台（套）重大技术装备示范和推广，促进能源新技术产业化规模化应用。

*激发企业和人才创新活力。*完善能源技术创新市场导向机制，强化企业创新主体地位，发挥大企业引领支撑作用，构建以企业为主体、市场为导向、产学研用深度融合的技术创新体系。健全知识产权保护运用体制，实施严格的知识产权保护制度。健全能源领域科技人才评价体系，完善充分体现创新要素价值的收益分配机制，

全方位为科研人员松绑，优化能源创新创业生态，激发能源行业创新活力。

第七章 增强能源治理效能

深化电力、油气体制机制改革，持续深化能源领域"放管服"改革，加强事中事后监管，加快现代能源市场建设，完善能源法律法规和政策，更多依靠市场机制促进节能减排降碳，提升能源服务水平。

十九、激发能源市场主体活力

放宽能源市场准入。落实外商投资法律法规和市场准入负面清单制度，修订能源领域相关法规文件。支持各类市场主体依法平等进入负面清单以外的能源领域。推进油气勘探开发领域市场化，实行勘查区块竞争出让制度和更加严格的区块退出机制，加快油田服务市场建设。积极稳妥深化能源领域国有企业混合所有制改革，进一步吸引社会投资进入能源领域。

优化能源产业组织结构。建设具有创造创新活力的能源企业。进一步深化电网企业主辅分离、厂网分离改革，推进抽水蓄能电站投资主体多元化。推进油气领域装备制造、工程建设、技术研发、信息服务等竞争性业务市场化改革。深化油气管网建设运营机制改革，引导地方管网以市场化方式融入国家管网公司，支持各类社

资本投资油气管网等基础设施，制定完善管网运行调度规则，促进形成全国"一张网"。推进油气管网设施向第三方市场主体公平开放，提高油气集约输送和公平服务能力，压实各方保供责任。

*支持新模式新业态发展。*健全分布式电源发展新机制，推动电网公平接入。培育壮大综合能源服务商、电储能企业、负荷集成商等新兴市场主体。破除能源新模式新业态在市场准入、投资运营、参与市场交易等方面存在的体制机制壁垒。创新电力源网荷储一体化和多能互补项目规划建设管理机制，推动项目规划、建设实施、运行调节和管理一体化。培育发展二氧化碳捕集利用与封存新模式。

二十、建设现代能源市场

*优化能源资源市场化配置。*深化电力体制改革，加快构建和完善中长期市场、现货市场和辅助服务市场有机衔接的电力市场体系。按照支持省域、鼓励区域、推动构建全国统一市场体系的方向推动电力市场建设。深化配售电改革，进一步向社会资本放开售电和增量配电业务，激发存量供电企业活力。创新有利于非化石能源发电消纳的电力调度和交易机制，推动非化石能源发电有序参与电力市场交易，通过市场化方式拓展消纳空间，试点开展绿色电力交易。引导支持储能设施、需求侧资源参与电力市场交易，促进提升系统灵活性。加快完善天然气市场顶层设计，构建有序竞争、高效保供的天然气市场体系，完善天然气交易平台。完善原油期货市

场，适时推动成品油、天然气等期货交易。推动全国性和区域性煤炭交易中心协调发展，加快建设统一开放、层次分明、功能齐全、竞争有序的现代煤炭市场体系。

深化价格形成机制市场化改革。 进一步完善省级电网、区域电网、跨省跨区专项工程、增量配电网价格形成机制，加快理顺输配电价结构。持续深化燃煤发电、燃气发电、水电、核电等上网电价市场化改革，完善风电、光伏发电、抽水蓄能价格形成机制，建立新型储能价格机制。建立健全电网企业代理购电机制，有序推动工商业用户直接参与电力市场，完善居民阶梯电价制度。研究完善成品油价格形成机制。稳步推进天然气价格市场化改革，减少配气层级。落实清洁取暖电价、气价、热价等政策。

二十一、加强能源治理制度建设

依法推进能源治理。 健全能源法律法规体系，建立以能源法为统领，以煤炭、电力、石油天然气、可再生能源等领域单项法律法规为支撑，以相关配套规章为补充的能源法律法规体系。加强能源新型标准体系建设，制修订支撑引领能源低碳转型的重点领域标准和技术规范，提升能源标准国际化水平，组织开展能源资源计量及其碳排放核算服务示范。深化能源行业执法体制改革，进一步整合执法队伍，创新执法方式，规范自由裁量权，提高执法效能和水平。

强化政策协同保障。 立足推动能源绿色低碳发展、安全保障、科技创新等重点任务实施，健全政策制定和实施机制，完善和落实财税、金融等支持政策。落实相关税收优惠政策，加大对可再生能源和节能降碳、创新技术研发应用、低品位难动用油气储量、致密油气田、页岩油、尾矿勘探开发利用等支持力度。落实重大技术装备进口免税政策。构建绿色金融体系，加大对节能环保、新能源、二氧化碳捕集利用与封存等的金融支持力度，完善绿色金融激励机制。加强能源生态环境保护政策引领，依法开展能源基地开发建设规划、重点项目等环境影响评价，完善用地用海政策，严格落实区域"三线一单"（生态保护红线、环境质量底线、资源利用上线和环境准入负面清单）生态环境分区管控要求。建立可再生能源消纳责任权重引导机制，实行消纳责任考核，研究制定可再生能源消纳增量激励政策，推广绿色电力证书交易，加强可再生能源电力消纳保障。

加强能源监管。优化能源市场监管，加大行政执法力度，维护市场主体合法权益，促进市场竞争公平、交易规范和信息公开，持续优化营商环境。强化能源行业监管，保障国家能源规划、政策、标准和项目有效落地。健全电力安全监管执法体系，推进理顺监管体制，构建监管长效机制，加强项目建设施工和运行安全监管。健全能源行业自然垄断环节监管体制机制，加强公平开放、运行调度、服务价格、社会责任等方面的监管。创新监管方式，构建统一规范、信息共享、协同联动的监管体系，全面实施"双随机、一公开"监管模式，推动构建以信用为基础的新型监管机制。

专栏 7　电力和油气领域重点改革任务

持续深化电力中长期交易机制建设。推动各地制修订电力中长期交易规则。推动符合条件的各类市场主体参与交易。丰富交易品种，优化交易组织流程，缩短交易周期，增加交易频次，建立分时段签约交易机制，健全偏差考核机制。

稳妥推进电力现货市场建设。推动具备条件的试点地区转入长周期运行，有序扩大现货试点范围。鼓励电网连接紧密的相邻省（区、市）现货市场融合发展。

完善电力辅助服务市场机制。丰富辅助服务交易品种，推动储能设施、虚拟电厂、用户可中断负荷等灵活性资源参与辅助服务，研究爬坡等交易品种。建立源网荷储一体化和多能互补项目协调运营和利益共享机制。建立健全跨省跨区辅助服务市场机制，推动送受两端辅助服务资源共享。

加快建设全国统一电力市场体系。优化电力市场总体设计，健全多层次统一电力市场体系，探索在南方、长三角、京津冀、东北等地区开展区域电力市场建设试点。分步放开跨省跨区发用电计划，探索非化石能源发电企业与售电公司或大用户开展跨省跨区点对点交易。

积极推进分布式发电市场化交易。支持分布式发电与同一配电网区域的电力用户就近交易，完善支持分布式发电市场化交易的价格政策及市场规则。

深化配售电改革。推动落实增量配电企业在配电区域内拥有与电网企业同等的权利和义务，研究完善增量配电网配电价格形成机制。完善售电主体准入和退出机制，推动售电主体参与各类市场交易，理顺购售电电费结算关系。

放开上游勘查开采市场。全面实施矿业权竞争性出让。严格区块退出。推动油气地质资料汇交利用。推动工程技术、工程建设和装备制造业务专业化重组，作为独立市场主体参与竞争。

深化油气管网改革。推进省级管网运销分离。完善管网调度运营规则，建立健全管容分配、托运商等制度。推动城镇燃气压缩管输和供气层级。

推进下游竞争性环节改革。支持大用户与气源企业签订直供或直销合同，降低用气成本。

第八章 构建开放共赢能源国际合作新格局

以共建"一带一路"为引领,积极参与全球能源治理,坚持绿色低碳转型发展,加强应对气候变化国际合作,实施更大范围、更宽领域、更深层次能源开放合作,实现开放条件下的能源安全。

二十二、拓展多元合作新局面

巩固拓展海外能源资源保障能力。 完善海外主要油气产区合作,优化资产配置。持续巩固推动与重点油气资源国的合作,加强与重点油气消费国的交流,促进海外油气项目健康可持续发展,以油气领域务实合作促进与资源国共同发展。

增强进口多元化和安全保障能力。 巩固和拓展与油气等能源资源出口大国互利共赢合作。增强油气国际贸易运营能力。加强跨国油气通道运营与设施联通,确保油气安全稳定供应与平稳运行。与相关国家加强沟通协调,共同维护能源市场安全。

二十三、深度参与全球能源转型变革

推进能源变革与低碳合作。 建设绿色丝绸之路,深化与发展中国家绿色产能合作,积极推动风电、太阳能发电、储能、智慧电网等领域合作。与周边国家和地区在电网互联及升级改造方面加强合作。推动核电国际合作。大力支持发展中国家能源绿色低碳发展,不再新建境外煤电项目。积极探索与发达国家、东道国和跨国公司

开展三方、多方合作的有效途径，建成一批经济效益好、示范效应强的绿色能源最佳实践项目。

加强科技创新合作。 加强与有关国家在先进能源技术和解决方案等方面的务实合作，重点在高效低成本新能源发电、先进核电、氢能、储能、节能、二氧化碳捕集利用与封存等先进技术领域开展合作。积极参与能源国际标准制定，加快我国能源技术、标准的国际融合。

二十四、积极参与全球能源治理体系改革和建设

推动完善全球能源治理体系。 运营好"一带一路"能源合作伙伴关系合作平台，办好国际能源变革论坛。在中国—阿盟、中国—非盟、中国—中东欧、中国—东盟等相关能源合作平台和亚太经合组织（APEC）可持续能源中心指导下，加强联合研究，拓展培训交流。加强与国际能源署、国际可再生能源署、石油输出国组织（OPEC）、国际能源论坛、清洁能源部长会议等国际组织和机制合作，积极参与并引导在联合国、二十国集团（G20）、APEC、金砖国家、上合组织等多边框架下的能源合作。

加强能源领域应对气候变化国际合作。 坚持共同但有区别的责任原则，推动中美清洁能源合作，深化中欧能源技术创新合作，形成能源领域应对气候变化和推动绿色发展合力，推动落实《联合国气候变化框架公约》及其《巴黎协定》。积极开展能源领域气候变化南南合作，进一步加强与其他发展中国家能源绿色发展合作，支

持发展中国家落实联合国 2030 年可持续发展议程，提升能源领域应对气候变化能力，彰显我积极参与全球气候治理的大国担当。

第九章 加强规划实施与管理

加强对本规划实施的组织、协调和督导，建立健全规划实施监测评估、考核监督机制。

二十五、加强组织领导

加强党的全面领导，增强"四个意识"、坚定"四个自信"、做到"两个维护"，全面贯彻落实党中央、国务院决策部署，强化督导落实、工作统筹和协同联动。加强能源规划与经济社会发展及其他规划的衔接，统筹自然保护地、生态保护红线与能源开发布局，切实发挥国家能源规划对全国能源发展、重大项目布局、公共资源配置、社会资本投向的战略导向作用，完善规划引导约束机制。

二十六、落实责任分工

按照党中央、国务院统一部署，建立健全国家能源委员会统筹协调、有关部门协同推动、各省级政府和重点能源企业细化落实的规划实施工作机制。国家发展改革委、国家能源局要制定本规划实施方案，确定年度目标并加强年度综合平衡。各地区要根据国家规划确定的重要目标、重点任务、重大工程、重点项目，制定具体工作方案，细化时间表、路线图、优先序，提出分年滚动工作计划安排。各有关部门要根据职责分工细化任务举措，加强资金、用地等对重大能源项目的支持保障力度，及时研究解决实施中遇到的问题。国家能源委员会办公室要切实履行职责，确保规划有力推进、有效实施。

二十七、加强监测评估

国家发展改革委、国家能源局牵头组织开展规划实施情况的年度监测分析、中期评估和总结评估。建立规划动态评估机制和重大情况报告制度，严格评估程序，通过委托第三方机构开展评估等方式，对规划滚动实施提出建议，及时总结经验、分析问题、制定对策。加强规划实施情况评估成果应用，健全规划调整修订机制。重要情况及时向国务院报告。

总论　全面构建现代能源体系 推动新时代能源高质量发展

能源是经济社会发展的基础和动力,对国家繁荣发展、人民生活改善和社会长治久安至关重要。党的十八大以来,面对错综复杂的国际国内形势,以习近平同志为核心的党中央高瞻远瞩、审时度势,创造性地提出了"四个革命、一个合作"能源安全新战略,为新时代我国能源高质量发展指明了方向,开辟了道路。"十四五"时期是我国全面建成小康社会、实现第一个百年奋斗目标之后,乘势而上开启全面建设社会主义现代化国家新征程、向第二个百年奋斗目标进军的第一个五年,也是推进碳达峰、碳中和重大战略实施的第一个五年。

近期,《"十四五"现代能源体系规划》(以下简称《规划》)经国务院批复同意并印发实施。《规划》深入贯彻落实党的十九届五中全会精神,是《中华人民共和国国民经济和社会发展第十四个五年规划和2035年远景目标纲要》在能源领域的延伸和拓展,将党中央战略部署贯彻落实到能源生产消费各领域、各环节、全过程,是今后一段时期构建现代能源体系的总体蓝图和行动纲领。"十四五"期间,要深入推动《规划》实施,加快构建现代能源体系,建设能源强国,全力保障国家能源安全,助力实现碳达峰、碳中和目标，支撑经济社会高质量发展。

一、全面认识我国现代能源体系建设基础

近年来，在"四个革命、一个合作"能源安全新战略指引下，我们坚定不移推进能源革命，全面推进能源消费方式变革，建设多元清洁的能源供应体系，发挥科技创新第一动力作用，全面深化能源体制改革释放市场活力，全方位加强能源国际合作，能源生产和利用方式发生重大变革，能源发展取得历史性成就，能源高质量发展迈出了新步伐。

能源消费清洁低碳转型持续加快。党的十八大以来，单位GDP能耗累计降低26.2%，相当于减少能源消费约14亿吨标准煤，以能源消费年均约3.0%的增长支撑了国民经济年均6.5%的增长，能源利用效率不断提升。2021年，天然气、水电、核电、新能源发电等清洁能源消费比重提升至25.5%，比2012年提高了约11个百分点，能源消费结构向清洁低碳加快转变。截至2021年底，我国新能源汽车保有量达784万辆，呈持续高速增长趋势。北方地区清洁取暖面积约156亿平方米，清洁取暖率达到73.6%，替代散煤（含低效小锅炉用煤）1.5亿吨以上。能源与生态环境友好性明显改善，能源节约型社会加快形成，能源消费结构更加优化。

能源供给能力和质量显著提升。"十三五"以来，我国能源自主保障能力始终保持在80%以上，供需关系持续向好。2021年，我国全口径发电装机容量达到23.8亿千瓦，可再生能源发电装机历

史性突破10亿千瓦，新能源年发电量首次突破1万亿千瓦时，风电、光伏发电、水电、生物质发电装机规模连续多年稳居世界第一，在运在建及核准核电机组71台、装机7 600万千瓦，位居世界第二。清洁能源消纳持续向好，2021年水电、风电、光伏发电平均利用率分别达到约98%、97%和98%，核电利用小时数超过7 700小时。油气增储上产稳步推进，煤炭产能结构持续优化，120万吨/年及以上大型煤矿产能占80%以上。煤、油、气、电、核、新能源和可再生能源多轮驱动的能源供应体系基本形成，能源输送能力显著提高，能源储备体系不断健全，经济社会发展和民生用能需求得到有效保障。

能源技术创新能力进一步增强。建立了完备的水电、核电、风电、太阳能发电等清洁能源装备制造产业链，成功研发制造出全球最大单机容量100万千瓦水电机组，具备最大单机容量达10兆瓦的全系列风电机组制造能力，不断刷新光伏电池转换效率世界纪录。形成具有自主品牌的"华龙一号"、"国和一号"等三代压水堆和具有第四代特征的高温气冷堆先进核电技术。常规油气勘探开采技术达到国际先进水平，页岩油气勘探开发技术和装备水平大幅提升，天然气水合物试采取得成功，一大批能源新技术、新模式、新业态正在蓬勃兴起。能源领域科技创新实现从"跟跑、并跑"为主向"创新、主导"加速转变，技术进步成为推动能源发展动力变革的重要力量。

能源体制机制改革稳步推进。能源领域市场化水平全面提升，营商环境不断优化，市场活力明显增强，市场主体和人民群众办事创业更加便利。能源领域外资市场准入进一步放宽，民间投资持续壮大，投资主体更加多元。发用电计划有序放开、交易机构独立规范运行、电力市场建设深入推进。加快推进油气勘查开采市场放开与矿业权流转、管网运营机制改革、原油进口动态管理等改革，完善油气交易中心建设。能源价格市场化持续推进，竞争性环节价格进一步放开，电力、油气网络环节科学定价制度初步建立。能源改革和法治建设协同推进，能源法律体系不断完善。覆盖战略、规划、政策、标准、监管、服务的能源治理机制基本形成。

能源国际合作彰显中国智慧。顶层设计不断加强，发布《新时代的中国能源发展》白皮书，大幅放宽能源领域外商投资准入，全面取消煤炭、油气、电力（除核电外）、新能源等领域外资准入限制，促进能源领域贸易和投资自由化、便利化。务实合作成果丰硕，先后与50多个国家和地区建立政府间能源合作机制，与30多个能源类国际组织和多边机制建立合作关系，中俄、中国–中亚、中缅油气管道，巴西美丽山特高压直流输电，巴基斯坦恰希玛核电站等一大批标志性能源项目建成落地。治理能力持续提升，成功主办"一带一路"能源部长会议、国际能源变革论坛、亚太经合组织能源部长会议、二十国集团能源部长会议、金砖国家能源部长会议等重要国际会议。能源领域国际合作不断取得新的突破，为实现开放条件下能源安全奠定坚实基础，为推动全球能源可持续发展，建设更加清洁、美丽的世界贡献了中国力量。

二、准确把握国内外能源发展形势

当今世界正经历百年未有之大变局,我国正处于实现中华民族伟大复兴关键时期,发展面临的国内外环境发生深刻复杂变化。这对保障国家能源安全、推动能源高质量发展提出了新的更高要求。全面准确把握国际国内发展形势,是做好"十四五"能源工作的前提和基础。

全球能源供需版图深度调整。当前,百年变局和世纪疫情交织叠加,国际环境错综复杂,世界经济陷入低迷期,全球产业链供应链面临重塑,不稳定性不确定性明显增加。新冠肺炎疫情影响广泛深远,逆全球化、单边主义、保护主义思潮涌动,俄乌冲突等地缘事件加大国际能源市场波动,全球能源治理体系深度调整。能源消费重心东倾、生产重心西移,亚太地区能源消费占全球比重提高到接近30%,北美地区成为2011年以来唯一的原油产量正增长区域,能源供应格局多极化趋势进一步凸显,低碳化、分散化、扁平化推动能源供需模式重塑,能源体系面临全新变革。

绿色低碳成为能源发展主旋律。21世纪以来,技术进步推动新能源跃升发展,近五年可再生能源提供了全球新增发电量的60%左右。全球应对气候变化开启新征程,超过130个国家和地区提出了碳中和目标。后疫情时代各国争相推动经济"绿色复苏",加快能源转型和碳减排已成为世界各国共识。我国承诺实现从碳达峰到碳中和的时间,远远短于发达国家所用时间,这意味着我国作为世界上最大的发展中国家,将完成全球最高碳排放强度降幅,用全球历史上最短的时间实现从碳达峰到碳中和,这无疑需要我们付出艰苦卓绝的努力。"十四五"是碳达峰的关键期、窗口期,化石能源特别是煤炭消费需合理控制,适应新能源大规模发展的能源系统亟待建立,绿色发展方式和生活方式需加快形成,转型任务更加紧迫。

创新引领能源发展作用更加凸显。当前,全球科技创新进入空前密集活跃的时期,在能源革命和数字革命双重驱动下,全球新一轮科技革命和产业变革方兴未艾,正在重构全球创新版图、重塑全球经济结构。新能源、非常规油气、先进核能、智慧能源、新型储能、氢能等新兴能源技术正以前所未有的速度加快迭代,成为全球能源转型变革的核心驱动力。推动能源科技实现高水平自立自强,已成为把握新一轮科技革命和产业变革机遇、赢得创新发展主动权、保障国家能源安全的大势所趋。"十四五"时期,亟需推动能源技术装备"补短板、锻长板",加速突破一批战略性前沿性技术,激发能源创新发展新动能,提升能源产业基础高级化、产业链现代化水平。

能源安全保障任务依然艰巨。作为世界最大的能源消费国,如何有效保障国家能源安全、有力保障国家经济社会发展,始终是我国能源发展的首要问题。只有把能源的饭碗端在自己手里,充分保障国家能源安全,才能把握未来发展主动权,牢牢守住新发展格局的安全底线。今后一段时期,我国能源安全新旧风险交织,油气资源短板仍然突出,地缘政治事件、国际油价大幅波动等风险因素长期存在，转型过程中能源供应区域性、时段性紧张问题时有发生，网络安全等非传统安全风险日益突出。能源安全是国家安全的重要组成部分，全面建设社会主义现代化国家对能源安全提出了更高要求。

总的来看，"十四五"是我国能源发展的重要战略机遇期，面临的国内外环境发生深刻复杂变化，保障国家能源安全、推动能源高质量发展面临新的机遇和挑战。必须深刻认识新阶段面临的新情况新问题新挑战，增强机遇意识和忧患意识，准确识变、科学应变、主动求变，更好统筹发展和安全，在把握规律的基础上实现创新变革。

三、深入贯彻党中央国务院对能源发展的各项要求

"十四五"时期，能源发展要坚持以习近平总书记提出的"四个革命、一个合作"能源安全新战略为根本遵循，全面贯彻党中央、国务院对构建清洁低碳、安全高效能源体系的总体思路和具体要求。

关于国家安全战略的要求。安全是发展的前提，发展是安全的保障。当前和今后一个时期是我国各类矛盾和风险易发期，各种可以预见和难以预见的风险因素明显增多。习近平总书记强调："必须坚持统筹发展和安全，增强机遇意识和风险意识，树立底线思维"、"注重堵漏洞、强弱项，下好先手棋、打好主动仗，有效防范化解各类风险挑战"。"十四五"时期，能源发展必须落实总体国

家安全观，立足以煤为主的基本国情，坚持先立后破、通盘谋划，以保障安全为前提构建现代能源体系，协同推进低碳转型与供给保障，着力筑牢国家能源安全屏障。

关于生态文明建设的要求。生态文明建设是关系中华民族永续发展的千年大计，也是"五位一体"总体布局的重要内容。党的十九大将能源发展作为生态文明建设的重要方面，强调要绿色发展，满足人民日益增长的美好生活需要。中央财经委员会第九次会议把碳达峰、碳中和纳入生态文明建设整体布局，进一步明确了构建清洁低碳安全高效能源体系的任务要求。能源活动是碳排放的主要来源，能源绿色低碳发展是生态文明建设的应有之义和必然要求。"十四五"时期，能源发展必须坚定不移走生态优先、绿色低碳的高质量发展道路，稳中求进推动能源生产消费模式绿色低碳变革，助力经济社会发展全面绿色转型。

关于创新驱动发展的要求。党的十九届五中全会强调要"坚持创新在我国现代化建设全局中的核心地位"，对创新作出专章部署，并放在"十四五"各项规划任务的首位，这在我们党研究制定国民经济和社会发展五年规划的历史上是第一次，充分体现了党中央对以改革促创新、以创新促发展的高度重视。"十四五"时期，能源发展必须坚持把创新作为引领发展的第一动力，以实现能源科技自立自强为目标，以完善能源科技创新体系为依托，着力增强能源科技创新能力，提升能源产业链现代化水平。

关于区域协调和民生保障的要求。促进区域协调发展是新时代国家重大战略之一，是贯彻新发展理念、建设现代化经济体系的重要组成部分。我国能源生产和消费逆向分布特征明显，中东部是主要的能源消费地区，而重要能源基地主要分布在西部地区，优化能源发展布局和流向意义重大。坚持保障和改善民生，不断提升人民群众的获得感、幸福感、安全感，是以人民为中心发展思想的重要体现。"十四五"时期，能源发展必须优化开发利用布局，发挥能源富集地区战略安全支撑作用，加大能源就近开发利用，提高资源配置效率，促进区域协调发展。同时，坚持民生优先、共享发展，着力提升能源普遍服务水平，推动能源发展成果更多更好惠及广大人民群众。

关于治理体系和治理能力现代化的要求。党的十九届四中全会对推进国家治理体系和治理能力现代化作出了全面部署，强调要"把制度建设和治理能力建设摆到更加突出的位置，继续深化各领域各方面体制机制改革"。我国坚持把能源治理体系和治理能力现代化建设作为能源改革发展的根本保障，着力推进能源体制革命。经过多年探索创新，目前，能源改革"四梁八柱"的主体框架已基本确立，但总体仍跟不上能源转型变革的步伐。"十四五"时期，能源发展必须坚持市场化改革方向，着力完善能源发展法治保障，破除制约能源高质量发展的体制机制障碍，全面提升能源治理效能。

关于高水平对外开放的要求。党的十八大以来，习近平总书记深刻把握新时代中国和世界发展大势，创造性地提出一系列外交新理念新思想新战略，实现了对外工作的重大理论和实践创新，为新形势下高质量开展能源国际合作提供了根本遵循。能源国际合作是国际交流合作的重要组成部分，我国已成为世界第一大能源生产国和消费国，国际社会对我国的期待和倚重不断增加。"十四五"时期，能源发展必须落实全球发展倡议，坚持以共建"一带一路"为引领，聚焦实施更大范围、更宽领域、更深层次能源开放合作，推动形成互利共赢的国际合作格局，努力实现开放条件下的能源安全。

四、采取有力举措全面构建现代能源体系

遵循"四个革命、一个合作"能源安全新战略，锚定2035年远景目标，"十四五"时期能源发展要坚决贯彻碳达峰、碳中和重大战略决策，以推动高质量发展为主题，以深化供给侧结构性改革为主线，以改革创新为根本动力，以满足经济社会发展和人民美好生活用能需求为根本目的，推动现代能源体系建设取得重要进展。

（一）全方位提升能源安全保障能力

我国是世界第一大能源生产国和消费国，能源生产和消费分别约占世界的1/5和1/4。确保能源安全可靠供应，是关系我国经济社会发展全局的重大战略问题。多年来，我国能源自给率保持在80%以上，安全风险总体可控。"十四五"时期，要增强忧患意识，坚持底线思维，防范化解能源发展面临的各类风险挑战，重点加强"两个能力、一个体系"建设。一是提升能源战略安全保障能

力。通过加大国内油气勘探开发力度、提升储备能力、加强能源国际合作、建立煤制油气产能和技术储备等途径，多措并举增强油气供应保障能力。二是增强能源系统平稳运行能力。在严格合理控制煤炭消费增长的前提下，发挥煤炭的主体能源作用，做好煤炭稳产稳供，加强产能和产品储备建设。研究完善供需平衡预警机制，化解电力、天然气等区域性、时段性供需矛盾，确保能源系统平稳有序运行。三是健全能源安全风险管控体系。针对近年来频发的极端天气等自然灾害，完善应急预案体系。防范化解非传统安全风险，强化网络安全关键技术研究。

（二）打造清洁低碳能源生产消费体系

能源绿色低碳发展是一项系统工程，涉及能源生产、加工转换及终端消费各环节，能源供给侧承担着壮大清洁能源产业的重任，而消费侧节能降碳增效同样重要。必须以主要用能行业消费结构转型为牵引，以能源行业清洁供应保障为支撑。一是加快实施可再生能源替代行动。推进建设总规模 4.5 亿千瓦的大型风电光伏基地，加快分布式新能源发展。积极稳妥发展水电、核电，开工建设一批重大工程项目。因地制宜发展生物质能、地热能等其他可再生能源。确保 2025 年非化石能源消费比重提高到 20% 左右。二是抓好煤炭清洁高效利用。根据发展需要合理建设先进煤电，大力实施煤电节能降碳改造、灵活性改造、供热改造，"十四五"期间改造规模合计 6 亿千瓦左右。三是大力推动终端能源消费转型升级。完善能耗"双控"制度，逐步强化碳排放总量和强度约束，控制工业、建筑、交通等高耗能行业化石能源消费。健全以绿电消费为导向的市场机制，全面推进电能替代，力争2025年电能占终端用能比重达到30%左右。四是积极构建新型电力系统。规划建设以大型风电光伏基地为基础、以其周边清洁高效先进节能的煤电为支撑、以稳定安全可靠的特高压输变电线路为载体的新能源供给消纳体系。开展新能源微电网和主动配电网建设，加快分布式新能源发展。多管齐下补强系统调节能力短板，优化电网调度运行方式，加快推动电力系统向适应大规模高比例新能源方向演进。

（三）推动区域城乡能源协调发展

以"胡焕庸线"为近似分界线，我国中东部地区能源消费量占全国比重超过70%，生产量占比不足30%，重要的能源基地主要分布在西部地区。长期以来，形成了"西电东送、北煤南运、西气东输"的能源流向格局。进入新发展阶段，能源行业应深入实施区域协调发展战略，统筹生态保护和高质量发展，加强区域能源供需衔接，优化能源开发利用布局，提高资源配置效率。一是加快西部清洁能源基地建设。西部地区化石能源和可再生能源资源都比较丰富，要坚持走绿色低碳发展道路，把发展重心转移到清洁能源产业，重点建设"风光水（储）"、"风光火（储）"等多能互补的清洁能源基地。二是提升中东部地区能源清洁低碳发展水平。以京津冀及周边地区、长三角、粤港澳大湾区等为重点，加快发展分布式新能源、沿海核电、海上风电等，推动能源"从身边来"与"从远方来"并重，提升本地能源自给能力。三是强化区域间资源优化配置。我国能源生产消费逆向分布的特征决定了未来一段时期大规模跨区输送的格局仍将持续，预计2025年西电东送规模将达到3.6亿千瓦以上。要充分挖掘存量通道的输送潜力，新建输电通道应是"绿色通道"，可再生能源电量比例原则上不低于50%。四是提升城乡能源普遍服务水平。聚焦满足人民生产生活的电、气、冷、热等多样化用能需求，完善城乡供能基础设施，积极推动农村能源变革，支撑新型城镇化和乡村振兴战略实施。

（四）提升能源产业科技创新能力

当前，新一轮科技革命和产业变革蓄势待发，重大颠覆性技术不断涌现，科技成果转化速度加快。前两次工业革命的核心都是能源技术的变革，新一轮科技革命和产业变革最大的特征将是新能源和互联网技术的紧密融合。我们要高度重视能源技术变革的重大作用，坚持创新驱动发展，加快推进能源技术革命，着力提升能源产业链现代化水平。一是努力实现能源科技自立自强，增强产业链抗风险能力。二是巩固提升能源产业链竞争力。立足我国新能源产业优势，推动能源绿色低碳技术加快突破，锻造能源技术装备长板。三是加快能源产业数字化智能化升级。要加快现代信息技术与能源产业深度融合，推动能源基础设施数字化，构建基于5G等技术的应用场景和产业模式，实现源网荷储互动、多能协同互补、用能需求智能调控，通过试点示范"以点带面"，推动能源系统转型变革。此外，还要着力完善能源科技创新体系，整合优化科技资源，实行"揭榜挂帅"、"赛马"等制度，引导各类社会资本投资能源科创新领域。

（五）增强能源治理效能

能源是我国历次经济体制改革的重点领域。2015年,《中共中央 国务院关于进一步深化电力体制改革的若干意见》（中发〔2015〕9号）文件明确了进一步深化电力体制改革"三放开、一独立"和"三强化"的核心内容。2017年,《中共中央 国务院关于深化石油天然气体制改革的若干意见》（中发〔2017〕15号）文件明确了油气行业全产业链改革的重点任务。"十四五"时期是全面深化改革的关键期，要全面推进能源治理体系和治理能力现代化。一是完善能源法律法规体系。我国能源立法工作经历了漫长的探索，1995年以来，相继颁布实施《中华人民共和国电力法》《中华人民共和国煤炭法》《中华人民共和国可再生能源法》等单行法。下一步要全力推进能源法制定工作，加快电力法、煤炭法、石油储备条例等制修订。二是健全能源转型市场化机制。电力、油气等领域的改革"牵一发而动全身"，必须坚持系统观念，统筹推进。"十四五"时期要重点聚焦系统灵活调节能力、绿色能源消费、综合能源服务和智能微网等新模式新业态发展等方面，推动体制机制改革取得新突破。三是深化能源领域"放管服"改革。"放管服"改革的重点是打造一流营商环境、不断解放和发展生产力。针对增量配电网、油气勘探开发、储气能力建设等领域市场化改革存在的难点堵点，要加强改革力度，充分激发市场主体活力，持续优化营商环境。

（六）开拓能源合作共赢新局面

近年来，我国全方位加强能源国际合作，以"一带一路"能源合作为重点，"引进来"与"走出去"同步发力，基础设施互联互通不断加强，海外产能和资源合作成效显著，参与全球能源治理能力不断提高。"十四五"期间，面对能源国际合作呈现出的新趋势新特征，要坚持维护开放条件下的能源安全，深入践行人类命运共同体理念，开创我国能源对外合作新局面。一是推动"一带一路"能源合作高质量发展。继续建设和运营好"一带一路"能源合作伙伴关系这一重要合作平台，稳步扩大"朋友圈"，深入推进与主要能源资源国的务实合作，加强与周边国家能源基础设施互联互通，增强开放条件下的能源安全保障能力。二是加强应对气候变化国际合作。要发挥我国新能源技术装备产业优势，巩固和拓展与相关国家绿色发展战略对接，建成一批绿色能源合作项目，加快绿色丝绸之路建设。三是积极参与全球能源治理体系改革和建设。加强与国际能源署、国际可再生能源署、石油输出国组织（OPEC）等主要能源国际组织的交流合作，在联合国、二十国集团（G20）、亚太经合组织（APEC）、金砖国家、上合组织等多边框架下讲好能源绿色低碳发展的中国故事。

蓝图已经绘就，使命催人奋进。做好"十四五"能源发展改革工作，任务艰巨而繁重。我们要更加紧密地团结在以习近平同志为核心的党中央周围，以习近平新时代中国特色社会主义思想为指导，增强"四个意识"、坚定"四个自信"、做到"两个维护"，认真贯彻党中央、国务院决策部署,迎难而上、开拓进取,以踏石留印、抓铁有痕的劲头抓好《规划》落实,努力开创能源低碳转型和高质量发展新局面。

第一讲　全力保障国家能源安全 为经济社会发展提供有力支撑

能源安全是国家安全的重要组成部分。习近平总书记强调指出，能源安全是关系国家经济社会发展的全局性、战略性问题，对国家繁荣发展、人民生活改善、社会长治久安至关重要。"十四五"时期，要持续推动"四个革命、一个合作"能源安全新战略走深走实，防范应对各类风险挑战，全力保障国家能源安全，为经济社会发展筑牢能源"安全线"。

一、能源安全面临的形势和挑战

（一）能源消费持续增长，发展面临长期保供的压力

我国是能源消费大国，能源消费总量自2009年起一直位居世界第一。2020年，全国能源消费总量49.8亿吨标准煤，约占世界的1/4，其中煤炭、石油、天然气、非化石能源消费量分别占世界的52%、15%、8%、23%左右。经过多年发展，我国已形成煤、油、气、核、新能源和可再生能源多轮驱动的能源供应体系，能源供应保障总体平稳有序，能源自给率长期保持在80%以上。"十四五"及中长期，我国经济社会持续向好发展，带来能源需求刚性增长，能源保供压力和风险挑战持续存在，主要体现在两个方面。

一方面，油气资源短板仍然突出。近年来，随着油气消费较快增长，对外依存度不断攀升，2020年分别达到70%和40%以上。未来一段时期，油气供应依赖进口的局面难以根本改变。从国内资源看，我国石油资源短缺，天然气资源相对不足，东部老油田产量递减加快，西部和海上资源接续不足，国内油气产能产量规模有限，油气勘探整体进入低品位资源勘探阶段，油气增储上产的难度比较大。从全球市场看，当前国际能源领域战略博弈呈现加剧态势，中东地区政局复杂动荡，非洲、南美等石油供应地区也存在政治不稳定风险，国际油价大幅波动的风险长期存在，不利于保持油气进口的稳定有序。

另一方面，区域性、时段性能源供需平衡难度加大。受资源禀赋和能源调入条件等因素制约，"两湖一江"地区、东北地区、西南地区存在时段性煤炭、电力供应紧张情况，京津冀等北方采暖区面临天然气供应季节性短缺问题。同时，近两年能源需求"双高峰"和"淡季不淡"新特征给保供带来了新的挑战。2021年初和迎峰度夏期间，全国最高电力负荷分别达到11.89亿千瓦（1月7日）和11.91亿千瓦（7月14日），均创同期历史新高，电力需求夏、冬季"双高峰"特征明显；2021年四季度，局部地区出现拉闸限电情况。天然气消费持续快速增长，"淡季不淡"新特征凸显，给天然气储备、取暖季保供带来较大压力。

（二）碳达峰、碳中和目标加速能源转型，统筹能源安全和绿色发展的任务艰巨

能源绿色低碳发展是碳达峰、碳中和工作的关键，要大力发展

非化石能源，确保2030年风电、光伏发电累计装机达到12亿千瓦以上，非化石能源消费比重提升至25%左右。能源加速低碳转型背景下，统筹绿色发展和能源安全保障面临不少挑战。

一方面，风电、光伏发电大规模并网，对电力系统安全稳定运行将带来较大压力。新能源发电出力具有随机性、波动性，对系统灵活调节能力提出了较高要求。"十四五"时期，亟需加快抽水蓄能、天然气调峰电站、新型储能等调节性电源建设，实施煤电机组灵活性改造，加快完善市场机制和价格机制，挖掘系统调峰潜力。此外，随着新能源渗透率持续提高、交直流混联大电网结构日趋复杂，高比例新能源、高比例电力电子装置的"双高"电力系统将面临运行方式多样化、电网潮流双向化等一系列挑战。

另一方面，从国情实际出发，科学合理把控"减碳"节奏是工作重点和难点。具体来说，就是要避免运动式"减碳"和"攀高峰"两种倾向。自国家提出力争2030年前实现碳达峰、2060年前实现碳中和后，部分地方、行业、企业"抢头彩"心切，发起轰轰烈烈的"运动"来开展减碳工作，提出与发展阶段明显不匹配的碳减排目标。有的地方忽视经济社会发展客观用能需求，"未立先破"，对煤矿项目搞"一刀切"关停，有的金融机构骤然对煤炭、煤电等化石能源行业抽贷断贷，影响了正常的能源、电力供应。与此同时，一些地方存在盲目上马"两高"项目冲动，想抢在碳达峰之前把"两高"项目发展起来，刺激短期GDP增长，把碳达峰变成了"攀高峰"。实现碳达峰、碳中和是一项复杂、长期和系统性的工程,如何处理好发展和减排、整体和局部、长远目标和短期目标、政府和市场的关系,确保能源安全保障和绿色发展相统筹,是今后一段时期应着力解决的关键问题。

(三)能源领域科技竞争更加激烈,关键技术装备"卡脖子"风险依然突出

能源科技创新是推动能源发展的最强动力,也是各国能源合作、竞争的重点领域。近年来,我国能源技术装备水平不断提高,新能源和电力装备制造能力全球领先,自主核电技术迈入世界先进行列,白鹤滩水电站、神华宁煤煤制油、柔性直流电网等重大项目成功投产,电网核心芯片研发应用成效显著,小型燃气轮机、大容量海上风电机组装备实现国产化,光伏组件发电效率多次刷新世界纪录。建成了一批国家能源研发创新平台和行业标委会,非常规油气、智能电网、储能、氢能等能源新技术、新模式、新业态蓬勃发展。

但同时,我国能源领域关键核心技术受制于人的问题仍然存在,部分关键技术、装备、零部件和材料还无法实现进口替代,核电部分配件及材料、油气开采设备中的部分部件存在"断供"隐忧。能源系统的信息化、智能化程度不断提高,但油气管网的信息系统主要来自其他国家,电网系统核心处理器、存储器不能完全实现国产化替代,核心元器件一旦出现封锁断供,能源系统安全运行维护将面临较大风险。此外,我国能源领域创造新产业、引领未来发展的科技储备不足,二氧化碳捕集利用与封存等低碳、零碳等前

沿性技术发展仍处于起步阶段。面对科技创新发展新趋势，如不迎头赶上、奋起直追、力争超越，则可能面临丧失竞争和发展主动权的风险。

（四）非传统安全风险日益增加，系统安全稳定运行面临多重压力

当前，互联网、大数据、人工智能等现代信息技术与能源产业深度融合发展，在推动能源产业数字化智能化升级的同时，能源系统安全稳定运行也面临新的风险挑战。

近年来，针对能源系统的网络攻击事件频发。2015年，乌克兰电网遭网络攻击，导致大范围停电事故发生。2019年，受电磁和网络攻击，委内瑞拉发生了持续6天的大规模停电事故。2021年5月，美国最大的成品油管道运营商受到黑客攻击，导致18个州进入紧急状态。据统计，我国电力系统每年受到超过2亿次的网络攻击，多种非传统安全风险因素正在加快积累，系统安全稳定运行压力加大。同时，能源系统的网络化使得网络安全受威胁程度不断提高，现代能源基础设施已经演变成"物理－网络"系统，通过网络将电厂、油气管网等基础设施连为一体，通过通信控制设备运行，然而通过网络上任一"入口"，就可能侵入并控制整个系统。当前，能源生产与消费日益趋于扁平化、分散化，分布式能源设施广泛建设联网，能源系统形态更加复杂多元，随之带来更多的网络"入口"，安全风险管控难度整体进一步加大。

二、保障国家能源安全的总体思路

（一）坚持立足国内保安全

能源是经济社会发展的重要物质基础。习近平总书记强调指出，能源的饭碗必须端在自己手里。只有坚持底线思维，提高能源供需自平衡能力，牢牢把握能源安全的主动权，才能避免能源供给受制于人的不利局面，才能保障经济社会长期稳定发展。立足国内，就是要把国内能源供应能力提上去，一是发挥好煤炭主体能源作用；二是持续加大国内油气勘探开发力度，力争把进口比例保持在比较合理的范围；三是坚持先立后破，高质量推动非化石能源有序替代。在主要立足国内的前提下，全方位加强国际合作，实现开放条件下的能源安全。

（二）坚持多措并举保安全

完善的产供储销体系是能源安全的重要保障，要从能源供应链各环节入手，系统强化能源安全保障能力。在供给侧，重点增强清洁能源供给能力和质量，更好发挥化石能源在转型过程中的兜底保障作用，进一步健全完善多元驱动的能源供给体系。在消费侧，坚持节能优先，树立"节能是第一能源"的观念，在不必要的地方少用能、在必须用的地方用好能，推动形成高效高质量用能模式。

（三）强化创新驱动提升自主能力

科技创新是引领发展的第一动力，创新能力强不强，直接影响到发展步伐能否走得稳健、走得长远。当前我国能源科技发展态势良好，但仍处于少量技术领先、总体不够先进的阶段，需要加快能源领域关键核心技术和装备攻关。一方面，坚持努力"跟跑"，把能源技术短板尽快补齐，着力消除影响能源供应安全的基础技术装备缺陷；另一方面，坚持积极"领跑"，把具备竞争优势的产业进一步壮大，在引领能源发展的前沿领域加快布局、力争突破。

（四）强化非常规安全风险应对能力

能源安全保障既要实现正常情况下的能源供应平稳有序，也要确保极端情况下的坚强韧性。地震、暴雨、台风等自然灾害发生时能源设施抗灾能力强不强，灾后重建时煤电油气供应恢复快不快，黑客攻击等网络安全事件发生时能源系统抗干扰水平高不高，都是能源安全工作可能面对的挑战，需要加强关键基础设施安全保护能力建设，强化网络安全攻防关键技术研究，做好应急预案编制与实战演练，通过健全完善应急安全管控体系，有力应对各类非常规安全风险挑战。

三、保障国家能源安全的重要举措

保障国家能源安全是一项系统性工程，"十四五"重点从强化能源战略安全保障、提升能源安全运行水平、加强能源应急安全管控等方面加强能源安全保障，提升能源供应链稳定性和安全性。

（一）强化能源战略安全保障

大力提高油气供应能力。一是加大勘探开发力度，"十三五"以来，油气勘探开发力度明显提升，原油产量稳步迈向 2 亿吨产量水平，天然气年均增产120亿立方米，有效发挥了国内油气勘探对于保障油气安全的"压舱石"作用。"十四五"时期，要持续实施油气勘探开发七年行动计划，积极发展页岩气、煤层气，力争年均新增石油、天然气探明地质储量分别达到10亿吨、9 000亿立方米以上，2022年石油产量回升到2亿吨水平并较长时期稳产，2025年天然气产量达到2 300亿立方米以上。二是推进油气管网建设，截至2020年底，全国油气管网总里程达到17.5万公里，原油、天然气年输送能力分别达到约6 000万吨和1 000亿立方米。"十四五"时期，要重点推进20多项管网基础设施重大工程建设，加快完善"全国一张网"，建设天然气产供储销体系，推动油气管网重大项目和互联互通工程建设。三是完善油气多元进口格局，"十三五"期间，已基本形成中亚－俄罗斯、中东、非洲、美洲、亚太五大油气合作区，油气进口保障能力明显增强。"十四五"时期，要进一步巩固和拓展与主要油气出口大国多层面、立体化合作，优化海外油气资产配置，提升权益油气储量和产量。打造俄罗斯、中亚油气核心合作区，中东油气产业一体化发展合作区，亚太天然气合作区，积极拓展美洲、非洲。

完善能源战略储备体系。"十三五"时期，我国能源储备体系不断完善，石油储备能力显著增强。"十四五"期间，要进一步加强石油储备能力建设，推动重点储备库项目按期投产，加快构建政府储备和企业社会责任储备有机结合、互为补充的石油储备体系，保障国家石油安全。围绕我国油气资源短板，加强煤制油气、非粮生物燃料等关系能源安全的战略技术储备，稳妥推进内蒙古鄂尔多斯、陕西榆林、山西晋北、新疆准东、新疆哈密等煤制油气战略基地建设。

推进油气消费节约与替代。"十三五"时期，我国油气消费保持较快增长，2020年石油消费6.6亿吨，较2015年增加1亿吨；天然气消费约3 280亿立方米，较2015年增加1 350亿立方米。"十四五"时期，合理控制油气消费增长，积极推动多元化替代。保持石油消费处于合理区间，重点在交通运输领域实施石油替代，推动清洁低碳用能，稳步推动电力、氢燃料、LNG动力车辆对燃油车辆的替代，加快发展非粮生物液体燃料。有序引导天然气消费，优化利用结构，引导天然气使用向集中供暖及居民生活用气倾斜，新增天然气量优先保障居民生活和北方地区清洁取暖，在保障气源的前提下，稳妥拓展工业"煤改气"，同步推进"增气减煤"。

（二）提升能源安全运行水平

提高电力供应安全保障能力。"十三五"时期，我国电力供需形势由总体宽松逐步转向总体紧平衡，迎峰度夏、度冬期间电力供应保障面临较大挑战。面向"十四五"，要坚持系统观念，推动源网荷储协同发展，统筹提高电力供应保障能力。一是合理推进支撑性、调节性电源建设，优先发展保供能力较强的水电、核电、生物质发电等非化石能源发电，根据发展需要合理建设先进煤电，加快抽水蓄能、新型储能发展，因地制宜推进气电、太阳能热发电等电源建设。二是推进电网高质量发展，加强跨省跨区输电通道建设，优化区域电网网架结构，完善特高压交直流受端地区配套主网架建设，加快推进配电网改造升级，统筹提高电网优化配置资源能力，满足新能源大规模并网消纳需求。三是提高重点地区电力安全保障水平，推进重点城市坚强局部电网建设，提高核心区域和重要用户的相关线路、变电站建设标准，增强网间电力互济能力。

加强煤炭兜底保障。我国"富煤、缺油、少气"的资源禀赋特点决定了中国的能源发展离不开煤炭。煤炭作为我国主体能源，要按照绿色低碳的发展方向，对标实现碳达峰、碳中和目标任务，立足国情、控制总量、兜住底线，有序减量替代，推进煤炭消费转型升级。"十四五"时期，是能源低碳转型的关键期，要进一步发挥好煤炭兜底保障作用，一是优化煤炭产能布局，着力建设五大煤炭供应保障基地，优化发展山西、蒙西、蒙东、陕北、新疆等煤炭供应保障基地，力争2025年五大煤炭供应保障基地产量占总产量的3/4左右。二是强化煤炭生产与铁路运输、发电、输电之间的联动，在煤炭生产地和消费地、铁路交通枢纽、有条件的主要中转港口建设储煤基地。三是提高煤炭储备水平，建立健全以企业社会责任储备为主体、地方政府储备为补充，产品储备与产能储备有机结合的煤炭储备体系。四是提高煤炭作为化工原料的综合利用效能，促进煤化工产业高端化、多元化、低碳化发展，把加强科技创新作为最紧迫任务，加快关键技术攻关，积极发展煤基特种燃料、煤基生物可降解材料等。

提升天然气储备和调节能力。"十三五"时期，天然气产供储销体系建设加快推进，地下储气库工作气量和沿海LNG罐容明显提升，储气能力占天然气消费比重达到7.2%。"十四五"期间，要进一步加快补齐储气设施短板，统筹推进上游供气企业、管网企业、地方政府、城市燃气企业储气能力建设，加强应急储气调峰能力建设。以华北、东北、西北、西南等百亿立方米级储气库基地和环渤海LNG储运中心为重点，加快地下储气库、LNG接收站建设，落实供气企业、国家管网、城镇燃气、地方政府储气能力建设目标。同时，积极构建调峰辅助服务市场，完善分级保供预案和用户调峰方案，建立天然气调峰气价市场化机制，增强企业参与天然气调峰和储备设施建设的积极性。到2025年，力争将储气能力占天然气消费比重提升到13%。

维护能源重要基础设施安全。以大型水电站、核电站、枢纽变电站、重要换流站、重要输电通道和油气管网为重点，强化设备监测和巡视维护，提高对地质灾害以及强降雨等突发事件的应对能力。强化非传统安全风险防范，加强电力、油气行业关键信息基础设施安全保护能力建设，提升能源网络安全管控水平。

（三）加强能源应急安全管控

"十三五"以来，我国针对自然灾害、事故灾害、公共卫生事件和社会安全事件等突发公共事件，加强应急体系建设，能源应急保障水平明显提高。2020年初，面对突如其来的新冠肺炎疫情，加强调度协调，三天三夜为雷神山医院通电，五天五夜为火神山医院通电，37小时为武汉最大方舱医院通电，全力保障煤炭、油气稳定供应，为打赢疫情防控阻击战、全面恢复生产生活秩序作出了积极贡献；2021年7月，有力保障了郑州等地强降雨后受灾地区供电、供气快速恢复和平稳有序供应。

"十四五"时期，要着力增强应急状态下能源系统风险防范能力，提高供应保障水平和危机应对效率。在风险预警方面，建立健全煤炭、油气、电力供需预警机制，形成多层次、分级别的预警与应对策略。在应急响应方面，完善应急预案体系，编制紧急情况下应急处置方案，开展实战型应急演练，提高快速响应和灾后能源供应快速恢复能力。在电力应急安全保障方面，大力推进电力应急体系建设，强化地方政府、企业的主体责任，建立电力安全应急指挥平台、培训演练基地、抢险救援队伍和专家库。通过多措并举，最大程度降低严重自然灾害等引发的安全风险，提升电力系统在极端情况下快速恢复能力，支撑保障国家安全和社会稳定。

第二讲　贯彻碳达峰碳中和战略决策加快能源绿色低碳转型

我国力争2030年前实现碳达峰、2060年前实现碳中和，是党中央经过深思熟虑作出的重大战略决策，事关中华民族永续发展和构建人类命运共同体。中央财经委员会第九次会议强调，要以能源绿色低碳发展为关键，坚定不移走生态优先、绿色低碳的高质量发展道路。"十四五"是碳达峰的关键期、窗口期，要加快能源绿色低碳转型，为实现碳达峰、碳中和目标打好基础。

一、加快能源绿色低碳转型具有重大战略意义

随着我国经济迈入高质量发展阶段，以及碳达峰、碳中和重大战略决策的实施，能源发展不仅要在供应总量上全面支撑社会主义现代化国家建设，还要切实转变发展方式，更加注重结构调整优化，推进生态文明建设。能源绿色低碳转型不仅是顺应全球能源发展变革的大趋势，也是实现碳达峰、碳中和目标的关键举措和推动高质量发展的主动抉择。

（一）能源绿色低碳转型是实现碳达峰碳中和目标的关键举措

人类进入工业文明时代以来，在创造巨大物质财富的同时，也加速了对自然资源的攫取，打破了地球生态系统平衡，全球气候变

化等人与自然深层次矛盾日益显现。在气候变化挑战面前，各国积极推进能源绿色低碳转型，130多个国家提出了碳中和的目标，部分国家明确了能源转型战略目标和路线图，英国、德国、法国等提出了煤电和燃油车退出时间表，美国各州政府陆续提出100%可再生能源计划，能源绿色低碳转型已成为全球能源发展的大势所趋。

为推动构建人类命运共同体，习近平总书记向全世界郑重承诺我国将力争2030年前实现碳达峰、2060年前实现碳中和。实现碳达峰、碳中和是一场广泛而深刻的经济社会系统性变革，而能源生产和消费领域是打好这场硬仗的主战场。当前我国能源结构仍然偏煤，能源利用效率仍然偏低，在能源消费总量中，煤炭消费占比达57%左右，单位GDP能耗是世界平均水平的1.5倍。中央财经委员会第九次会议强调，要以能源绿色低碳发展为关键，坚定不移走生态优先、绿色低碳的高质量发展道路，国务院印发的《2030年前碳达峰行动方案》把实施能源绿色低碳转型行动作为"碳达峰十大行动"之首，充分凸显了能源绿色低碳转型对实现碳达峰、碳中和目标的关键作用。加快能源绿色低碳转型，优化调整能源结构，提高能源利用效率，有利于减少能源活动碳排放，确保如期实现碳达峰、碳中和目标。

（二）能源绿色低碳转型是实现高质量发展的内在要求

习近平总书记指出，高质量发展就是能够很好满足人民日益增长的美好生活需要的发展，是体现新发展理念的发展，就是从"有没有"转向"好不好"。绿色是永续发展的必要条件和人民对美好生活追求的重要体现。党的十八大以来，我国能源发展取得了历史性成就，能源安全保障能力持续增强，基本解决了能源"有没有"的问题，全面解决了无电人口用电问题；能源消费结构明显改善，非化石能源消费比重达到15.9%，比2012年提高6.2个百分点；能源领域污染物排放水平大幅降低，煤电机组污染物排放控制达到世界先进水平，全面供应"国六标准"车用汽柴油等。我们启动全国碳市场交易，宣布不再新建境外煤电项目，加快构建"双碳"政策体系，积极参与气候变化国际谈判，展现了负责任大国的担当。与此同时，能源行业发展方式还比较粗放，绿色发展水平有待提高，部分能源开发利用项目落实生态环境保护要求不够有力，清洁能源稳定供应能力不足，民生供能清洁化水平有待提升，按照"好不好"的要求，距离满足人民群众对优美生态环境的需要仍有较大差距。

加快能源绿色低碳转型，强化统筹生态环境保护与能源高质量发展，进一步优化能源结构，推进节能减排降碳，有利于形成绿色生产生活方式，推进经济社会发展全面绿色转型，建设人与自然和谐共生的美丽中国，为经济社会高质量发展提供有力支撑。

（三）能源绿色低碳转型是构建现代产业体系的重要方向

当今世界正经历百年未有之大变局，新一轮科技革命和产业变革深入发展，国际力量对比深刻调整。能源既是人类社会发展的重要物质基础，也是引领科技革命和产业变革的重要动力。历史上，我国在蒸汽机、电力等能源技术引领的前两次工业革命中远远落后于主要发达国家，错失了重要发展机遇。绿色低碳循环发展，是当今时代科技革命和产业变革的方向，是最有前途的发展领域之一，世界各国正在积极推进能源转型变革，加快发展新能源，逐步替代煤炭和油气等化石能源。哪个国家能够在绿色低碳领域率先取得突破，建立完善的产业体系，哪个国家便能在新一轮工业革命中取得竞争优势，掌握发展主动权。我国在绿色低碳领域具有较好的发展基础，水电、风电、太阳能发电并网规模和核电在建规模均居世界首位，风电机组和光伏组件产能大幅领先，光伏电池转换效率屡破世界纪录。但新能源大规模发展仍然存在技术瓶颈，新型储能、氢能、第四代核电等能源新技术还未实现重大突破，能源产业链供应链现代化水平有待提升。

加快能源绿色低碳转型，壮大清洁能源产业，加快绿色低碳技术研发攻关，形成自主可控的现代能源产业体系，不仅可以减少对化石能源的依赖，提升能源本质安全水平，还有利于发展壮大战略性新兴产业，推动经济体系优化升级，形成新的经济增长点。

二、推进能源绿色低碳转型的总体要求

推进能源绿色低碳转型，要深入践行习近平生态文明思想，紧紧围绕碳达峰、碳中和目标，完整、准确、全面贯彻新发展理念，坚持系统观念，统筹处理好发展和减排、整体和局部、长远目标和短期目标、政府和市场的关系，坚定不移走生态优先、绿色低碳的高质量发展道路，以保障安全为前提推动构建清洁低碳、安全高效的现代能源体系。

（一）统筹处理好能源高质量发展和碳减排的关系

发展是第一要务，是解决我国一切问题的基础和关键；减排是经济社会系统性变革的大趋势，代表了未来的发展方向。减排不是减生产力，也不是不排放，而是要走生态优先、绿色低碳发展道路。一方面，能源必须要发展。习近平总书记在陕西榆林考察时强调，能源产业要继续发展，否则不足以支撑国家现代化。我国作为世界上最大的发展中国家，推进工业化、城镇化以及改善民生等任务十分艰巨，未来一个时期能源消费仍将保持刚性增长，需要能源持续发展作为必要支撑。另一方面，必须在发展中减排，以减排为前提推动高质量发展。能源是实现碳达峰、碳中和的关键领域，能源高质量发展必须以推进碳减排为前提，但不能以控制碳排放为由影响能源安全稳定供应。统筹处理好能源高质量发展和碳减排的关系，一个重要的突破口就是加快推进能源绿色低碳转型，加大非化石能源供给规模，推动化石能源的清洁化替代，一手抓能源安全，一手抓能源结构调整，做到两手抓两手硬。

（二）统筹处理好整体碳达峰碳中和与局部能源转型路径的关系

实现碳达峰、碳中和是一项全局性系统性工程。既要增强全国一盘棋意识，加强政策措施的衔接协调，确保形成合力；又要充分考虑区域资源分布和产业分工的客观现实，研究确定各地产业结构调整方向和"双碳"行动方案，不搞齐步走、"一刀切"。一是能源资源分布不均衡，西部地区可再生能源和化石能源都比较丰富，中东部地区能源资源开发潜力有限，支撑能源绿色低碳转型的资源基础差异较大；二是各地区产业结构及能源消费水平不均衡，东部经济发达地区已进入工业化后期，而西部地区发展水平还不高，未来能源消费增长趋势差异较大；三是能源消费主要行业领域发展阶段不同，部分高耗能行业发展已渐趋饱和，而战略性新兴产业、居民生活等领域能源消费还将保持增长；四是煤炭和油气在能源绿色低碳转型进程中的定位和替代路径不同，消费增长的客观趋势和达峰时间也有所不同。各地区、各领域、各行业能源绿色低碳转型路径不能"一刀切"，要锚定整体目标合理制定局部实施方案，以局部有序突破服务整体发展。

（三）统筹处理好短期安排和中长期发展战略的关系

能源绿色低碳转型是一项长期性艰巨性任务，既要立足当下，一步一个脚印解决具体问题，积小胜为大胜；又要放眼长远，克服急功近利、急于求成的思想，把握好降碳的节奏和力度，实事求是、循序渐进、持续发力。从中长期看，要坚定绿色低碳发展的大方向，增强信心，遵循事物发展的科学逻辑，统筹谋划分时期进度安排，不能等到最后时刻"抱佛脚"。从短期看，能源绿色低碳转型难免会遇到波动和阵痛，稳定供应的压力可能会加大，经济成本也可能会上升，要先立后破，循序渐进，使之能够为经济社会所承受，坚决杜绝运动式"减碳"和"攀高峰"。推进能源绿色低碳转型，要保持战略定力，坚持稳中求进，把握好节奏和力度，久久为功，从务实解决当前能源安全稳定供应难度增加、新能源消纳能力不足、绿色低碳技术水平不高等突出矛盾入手，发展壮大清洁能源产业，加快绿色低碳技术攻关，为实现碳达峰、碳中和打好基础。

（四）统筹处理好政府引导与市场主导的关系

党的十九大强调，使市场在资源配置中起决定性作用，更好发挥政府作用。市场作用和政府作用是有机统一、相互补充、相互促进的，要坚持两手发力，推动有为政府和有效市场更好结合，建立健全促进能源绿色低碳转型的体制机制。充分发挥市场在资源配置中的决定性作用，就是要构建公平开放、有效竞争的能源市场体系，还原能源商品属性，激发市场主体活力，以市场化方式倒逼能源供给侧调整，引导消费侧绿色消费，提高能源消费结构中的非化石能源比例，实现资源的优化配置，最终加快推动能源绿色低碳转型。更好发挥政府作用，不是简单下达行政命令，而是要切实转变政府职能，在尊重市场规律的基础上，管好那些市场管不了或管不好的事，用改革激发市场活力，用政策引导市场预期，用规划明确投资方向，用法治规范市场行为，营造健康可持续的能源绿色低碳转型发展环境。

三、加快推动能源绿色低碳转型的重点任务

"十四五"时期，将从能源供给侧、消费侧、技术创新、体制机制四个方面实施一系列具体行动，加快构建绿色低碳能源供应体系，推动形成绿色低碳能源消费模式，加强绿色低碳技术研发与应用推广，完善促进能源绿色低碳转型的体制机制，实现能源绿色低碳转型。

（一）加快构建绿色低碳能源供应体系

大力发展非化石能源。 大力发展非化石能源，有序替代化石能源，是优化能源结构，减少二氧化碳和污染物排放，推动实现碳达峰、碳中和目标的重要举措。"十四五"时期，要加大力度规划建设以大型风光电基地为基础、以其周边清洁高效先进节能的煤电为支撑、以稳定安全可靠的特高压输变电线路为载体的新能源供给消纳体系。要加快发展有规模有效益的风能、太阳能、生物质能、地热能、海洋能、氢能等新能源，统筹水电开发和生态保护，积极安全有序发展核电。要加快发展风电和太阳能发电，优先就地就近开发利用，因地制宜推进中东南部地区风电、光伏就地开发，优化推进风电和光伏发电集中式开发，加快沙漠戈壁荒漠地区大型风电、光伏基地建设，积极有序发展海上风电，推动海上风电向深水远岸区域布局。统筹推进西部水电基地与风电、光伏发电综合互补发展，实施现有小水电清理整改。在确保安全的前提下有序推动沿海核电建设。因地制宜发展生物质能、地热能等其他可再生能源。到2025 年，非化石能源发电量比重达到39% 左右，常规水电装机达到 3.8 亿千瓦，核电运行装机容量达到 7 000 万千瓦。

构建新型电力系统。 风电和光伏发电等新能源大规模高比例发展给电力系统带来了巨大挑战，需要加快构建新能源占比逐渐提高的新型电力系统。"十四五"时期，要推动电力系统向适应大规模高比例新能源方向演进，加快电力系统数字化升级，建设智能高效的调度运行体系。电网侧重点是创新电网结构形态和运行模式，推动主动配电网、直流配电网建设，积极发展以消纳新能源为主的智能微电网，实现与大电网兼容互补。电源侧重点是增强电源协调优化运行能力，全面实施火电机组灵活性改造，推进抽水蓄能电站、天然气调峰电站和储热型太阳能热发电等调峰电源建设。加快新型储能规模化应用，有序推进电源侧、电网侧、用户侧储能多元发展。到 2025 年，力争火电机组灵活性改造累计规模超过 2 亿千瓦，抽水蓄能装机达到 6 200 万千瓦以上，新型储能规模达到 3 000 万千瓦以上，灵活调节电源占比由 18.5% 提高至 24% 左右。加强电力需求侧响应能力建设，提升电力负荷弹性，到 2025 年电力需求侧响应能力达到最大负荷的 3% ~ 5%。

减少能源产业碳足迹。为推动实现碳达峰、碳中和目标，有必要以能源行业为重点，减少能源生产、加工、储运等环节碳足迹，实现源头减碳、过程降碳。"十四五"时期，要推进化石能源开发生产碳减排，强化煤炭绿色开采和洗选加工，加大煤层气、油气田甲烷采收利用力度，加快二氧化碳驱油技术推广应用。加强能源加工储运提效降碳，推进炼化产业转型升级，提高煤炭清洁高效利用水平，优化煤炭等运输方式，加强能源加工储运设施节能及余能回收利用。推动能源产业与生态治理协同发展，加强矿区生态环境治理修复，因地制宜发展光伏治沙等"光伏+"综合利用模式。

（二）推动形成绿色低碳能源消费模式

创造条件尽早实现能耗"双控"向碳排放总量和强度"双控"转变。科学考核，新增可再生能源和原料用能不纳入能源消费总量控制,加快形成减污降碳激励约束机制,防止简单层层分解。"十四五"时期,合理控制能源消费总量并适当增加管理弹性,重点控制化石能源消费量,严格合理控制煤炭消费增长。进一步完善全国碳排放权交易市场,推动建设全国用能权交易市场,促进能源要素优化配置。

实施重点行业领域节能降碳行动。我国工业、建筑、交通重点行业领域用能占终端能源消费量分别为65%、16%和16%,是我国能源消费的主体,节能降碳空间巨大。"十四五"时期,要严把新上项目的碳排放关,坚决遏制高耗能、高排放、低水平项目盲目发展。要下大气力推动钢铁、有色、石化、化工、建材等传统产业优化升级,加快工业领域低碳工艺革新和数字化转型。要加大垃圾资源化利用力度,大力发展循环经济,减少能源资源浪费。要统筹推进低碳交通体系建设,提升城乡建设绿色低碳发展质量。

推进能源消费清洁化替代。目前,我国煤炭、石油占终端能源消费比重分别达到30%、20%以上,推进终端能源消费清洁化替代,是减少二氧化碳和污染物排放的重要途径。"十四五"时期,要全面深入拓展电能替代,推进工业生产领域扩大电锅炉、电窑炉、电动力等应用,实施港口岸电、空港陆电改造,积极发展电动汽车,提高餐饮服务业、居民生活领域电气化水平。持续推进北方地区清洁取暖。有序引导天然气消费,新增天然气量优先保障居民生活和清洁取暖。到2025年电能占终端能源消费比重达到30%左右。

（三）加强绿色低碳技术研发与应用推广

加强新型电力系统基础理论研究和示范应用。目前，我国风电和太阳能发电量占总发电量的比例仅为10%左右。构建新型电力系统是一项长期复杂的任务，不能一蹴而就。"十四五"时期，要在新型电力系统供需平衡、"双高"（高比例新能源和高比例电力电子装备）电力系统稳定控制、广域分散协同优化控制等方向做好基础理论研究，重点在新能源发电并网及主动支撑、大容量远海风电友好送出、柔性直流、直流配电网、火电灵活性改造、新能源汽车与电网（V2G）能量互动、虚拟电厂、微电网等方向开展技术研发及示范应用。

开展非化石能源关键核心技术攻关。为巩固我国在非化石能源技术装备领域的优势，增强能源绿色低碳转型动力，"十四五"时期，要持续加强风电和太阳能发电技术攻关，提高风电机组单机容量和光伏发电效率，进一步降低发电成本，提升海上风电装备制造、建设施工及并网技术水平；加强生物质液体燃料、生物天然气技术研发，推动生物质多元化利用；加快突破海洋能、地热能产业化发展瓶颈；开展三代核电技术优化研究，推动高温气冷堆、模块化小型堆、快堆、低温供热堆、海上浮动式核动力平台等技术研发和工程示范；加强新型储能、氢能等前沿科技攻关，推动储能成本持续下降和规模化应用，力争氢能全产业链关键技术取得突破。

提高化石能源清洁高效利用技术水平。化石能源在未来一段时期内仍将是我国的主体能源，推动能源高质量发展，必须要提高化石能源清洁高效利用水平，特别要切实做好煤炭这篇大文章。"十四五"时期，要严格合理控制煤炭消费增长，有序减量替代，大力推动煤电节能降碳改造、灵活性改造、供热改造"三改联动"。要加强煤炭智能绿色开采、灵活高效燃煤发电、现代煤化工等技术研究，提高煤炭作为化工原料的综合利用效能，促进煤化工产业高端化、多元化、低碳化发展；实施陆上常规油气高效勘探开发和炼化技术攻关，在二氧化碳捕集利用与封存等前沿领域实施一批科技示范项目。

（四）完善促进能源绿色低碳转型的体制机制

完善有利于清洁能源发展的市场机制。深化能源体制机制改革，通过市场化方式促进清洁能源开发利用，是推进能源生产和消费革命，实现能源绿色低碳转型的重要举措。充分发挥市场机制作用，完善碳定价机制，加强碳排放权交易、用能权交易、电力交易衔接协调。"十四五"时期，要创新有利于非化石能源发电消纳的电力调度和交易机制，推动非化石能源发电有序参与电力市场，通过市场化方式拓展消纳空间；支持储能设施、需求侧资源参与电力市场，促进提升电力系统灵活性；完善风电、光伏发电、抽水蓄能发电等价格形成机制，建立新型储能价格机制；优化跨省区输电的价格机制，促进送受端电网协同调峰运行。

加快建立有利于新模式新业态发展的体制机制。能源发展新模式新业态是现代能源体系的重要组成部分，是推进能源绿色低碳转型的积极探索。"十四五"时期，要着力破除能源新模式新业态市场准入、投资运营、参与市场交易等体制机制壁垒，营造有利于商业模式创新的市场环境，健全分布式电源发展新机制，进一步向社会资本放开售电和增量配电业务，培育壮大综合能源服务商、负荷集成商等新兴市场主体，创新电力源网荷储一体化和多能互补项目规划建设管理机制，推动能源新模式新业态蓬勃发展。

建立健全目标责任分解机制。为推动能源绿色低碳转型各项目标任务有效落实，为实现碳达峰、碳中和目标打好基础，"十四五"时期，要差别化分解各地区能耗"双控"目标，强化目标责任落实，推动地方实行用能预算管理；建立健全可再生能源消纳责任权重引导机制，实行消纳责任考核，加强可再生能源电力消纳保障；建立煤炭消费控制目标分解机制，研究对化石能源消费进行控制的考核指标。

第三讲　增强能源创新发展动力 提升产业链现代化水平

能源是攸关国家安全和经济社会发展的重点领域。党的十九届五中全会和《中华人民共和国国民经济和社会发展第十四个五年规划和2035年远景目标纲要》对建设现代能源体系和提升产业链供应链现代化水平作出明确部署，要求加快推进产业基础高级化、产业链现代化，提高经济质量效益和核心竞争力，为能源行业提升产业链现代化水平提供了总体遵循。创新是引领能源发展的第一动力，科技决定能源未来，科技创造未来能源。加快补齐能源技术装备短板和积极锻造能源科技优势长板，是当前及今后一个时期我国提升能源产业链现代化水平的两大核心任务。

一、我国能源产业链现代化取得积极成效

党的十八大以来，我国初步建立了重大技术研发、重大装备研制、重大示范工程、科技创新平台"四位一体"的能源科技创新体系，按照集中攻关一批、示范试验一批、应用推广一批"三个一批"的路径，推动能源科技创新取得重要阶段性进展，有力提升了能源产业链现代化水平，对保障能源安全、促进能源转型升级发挥了重要作用。

高比例可再生能源系统技术方面。风电、光伏技术总体处于国际先进水平，有力支撑我国风电机组、光伏电池产量和装机规模世界第一。13兆瓦级海上风电机组已经下线。晶硅电池、薄膜电池最高转换效率多次创造世界纪录，量产单多晶电池平均转换效率分别达到22.8%和19.4%。太阳能热发电技术进入商业化示范阶段。水电工程建设能力和百万千瓦级水电机组成套设计制造能力领跑全球。全面掌握1 000千伏交流、±1 100千伏直流及以下等级的输电技术。柔性直流输电技术占领世界制高点，全球电压等级最高的张北±500千伏柔性直流电网示范工程、乌东德水电站送出±800千伏特高压多端直流示范工程已投产送电。

油气安全供应技术方面。常规油气勘探开采技术达到国际先进水平，在国际油气资源开发中具有明显比较优势。油气长输管线技术取得重大突破，电驱压缩机组、燃驱压缩机组、大型球阀和高等级管线钢等核心装备和材料实现自主化，有力保障了西气东输、中俄东线等长输管线建设。年产千万吨级LNG项目、千万吨级炼油工程成套设备已实现自主化。

核电技术方面。形成了较完备的大型压水堆核电装备产业体系。自主研发"华龙一号"和"国和一号"百万千瓦级三代核电，主要技术和安全性能指标达到世界先进水平。自主研发的具有四代特征的高温气冷堆商业示范堆已投产发电，快中子堆示范项目已开工建设。模块化小型堆、海洋核动力平台等先进核反应堆技术正在抓紧攻关和示范。

化石能源清洁高效开发利用技术方面。年产 1 000 万吨以上特厚煤层综采与综采放顶煤开采装备、重介质选煤技术等煤炭开发利用技术装备实现规模应用。煤矿瓦斯治理、灾害防治技术水平显著提升，百万吨死亡率持续下降。具有自主知识产权的神华宁煤 400 万吨 / 年煤炭间接液化等一批煤炭深加工重大示范工程建成投产。国际首创的 135 万千瓦高低位布置超超临界二次再热机组投入运行，煤电超低排放水平进入世界领先行列。具有完全自主知识产权的 50 兆瓦燃气轮机已实现满负荷稳定运行。

能源新技术、新模式、新业态方面。主流储能技术总体达到世界先进水平，电化学储能、压缩空气储能技术进入商业化示范阶段。氢能及燃料电池技术迭代升级持续加速，推动氢能产业从模式探索向多元示范迈进。能源基础设施智能化、能源大数据、多能互补、储能和电动汽车应用、智慧用能与增值服务等领域创新十分活跃，各类新技术、新模式、新业态持续涌现，对能源产业发展产生深远影响。

二、"十四五"能源产业链现代化面临新形势新要求

进入"十四五"时期，在能源革命和数字革命双重驱动下，全球新一轮科技革命和产业变革正在蓬勃兴起。世界能源科技创新整体进入持续高度活跃期，可再生能源、非常规油气、核能、储能、氢能、智慧能源等领域一大批新兴能源技术正以前所未有的速度加快迭代，成为全球能源向绿色低碳转型的核心驱动力，推动能源产

业从资源、资本主导向技术主导转变,给世界地缘政治格局和经济社会发展带来重大而深远的影响,也为我国提升能源产业链现代化水平带来新的机遇与挑战。

(一)全球能源技术新动向新趋势为我国能源产业链现代化带来新机遇

世界各主要国家和地区近年来纷纷将科技创新视为推动能源转型、提升能源产业链现代化水平的重要突破口,积极制定各种政策措施抢占发展制高点。美国近年来相继发布了《全面能源战略》《美国优先能源计划》等政策,并出台系列研发计划,将"科学与能源"确立为第一战略主题,积极部署发展新一代核能、页岩油气、可再生能源、储能、智能电网等先进能源技术,突出全链条集成化创新。欧盟在《欧洲绿色协议》中率先提出了构建碳中性经济体的战略目标,升级了战略能源技术规划(SET-Plan),启动了"研究、技术开发及示范框架计划",构建了全链条贯通的能源技术创新生态系统。德国、英国、法国等分别组织了能源研究计划、能源创新计划、国家能源研究战略等系列科技计划,突出可再生能源在能源供应中的主体地位,抢占绿色低碳发展制高点。日本近年来出台了《第五期能源基本计划》《2050能源环境技术创新战略》《氢能基本战略》等战略规划,提出加快发展可再生能源,全面系统建设"氢能社会"。

受政策驱动,可再生能源、非常规油气、核能、储能、智慧能源等领域诸多新兴技术取得重大突破并正在跨越技术商业化临界点，引领世界能源消费结构呈现非化石能源、煤炭、石油、天然气"四分天下"，且非化石能源比重逐步扩大的新局面。全球能源技术创新主要呈现以下新动向新趋势。

一是可再生能源和新型电力系统技术被广泛认为是引领全球能源向绿色低碳转型的重要驱动。面对日益严重的能源资源约束、生态环境恶化、气候变化加剧等重大挑战，全球主要国家纷纷加快了低碳化乃至"去碳化"能源体系发展步伐。国际能源署预测可再生能源在全球发电量中的占比将从当前的约25%攀升至2050年的86%。为有效应对可再生能源大规模发展给能源系统可靠性和稳定性带来的新挑战，美、欧等经济体积极探索发展包括先进可再生能源、高比例可再生能源友好并网、新一代电网、新型储能、氢能及燃料电池、多能互补与供需互动等新型电力系统技术，开展了一系列形式多样、场景各异的试验示范工作。

二是非常规油气技术掀起席卷全球的页岩油气革命，成功拓展油气发展新空间，成为颠覆全球油气供应格局的核心力量。美国从20世纪70年代开始布局页岩油气技术攻关，经过数十年的持续探索，成功发展了旋转导向钻井、水平井分段压裂等系统化的页岩油气开发技术，支撑美国油气自给率持续提升，彻底改变了全球油气供应格局，推动非常规油气技术成为世界各国竞争的焦点。全球非常规油气资源占油气资源总量约80%，可采资源量超过80%分布于北美、亚太、拉美、俄罗斯四大地区。在各相关国家的大力支持和推动下，全球非常规油气技术不断取得新突破、技术成熟度持续提升，正在推动全球油气产业从常规油气为主到常规与非常规油气并重的重大转变。

三是以更安全、更高效、更经济为主要特征的新一代核能技术及其多元化应用，成为全球核能科技创新的主要方向。福岛事故后，全球核电建设整体进入稳妥审慎发展阶段，但核能技术创新的步伐并未减缓。美、俄、法等核电强国，凭借长期技术积累，瞄准更安全、更高效、更经济等未来核能发展方向，不断加大研发投入和政策支持，在三代和新一代核反应堆、模块化小型堆、核能供热等多元应用、先进核燃料及循环、在役机组延寿和智慧运维等方面开展了大量技术研发和试验示范工作，为引领未来全球核能产业安全高效发展奠定了坚实基础。

四是信息、交通等领域的新技术与传统能源技术深度交叉融合，持续孕育兴起影响深远的新技术、新模式、新业态。美、欧、日等主要发达经济体近年来在能源交叉融合技术方面开展了大量有益探索和实践。大数据、云计算、物联网、移动互联网、人工智能、区块链等为代表的先进信息技术与能源生产、传输、存储、消费以及能源市场等环节深度融合，持续催生具有设备智能、多能协同、信息对称、供需分散、系统扁平、交易开放等特征的智慧能源新技术、新模式、新业态。电动汽车及其网联技术、氢燃料电池车等低碳交通技术，推动能源、交通、信息三大基础设施网络互联互通、融合发展，正在开启能源、交通、信息领域新的重大变革。

总体看，我们迎来了世界能源转型同我国推进能源革命和建设现代能源体系的历史交汇期，既面临着千载难逢的历史机遇，又面临着国际竞争日益激烈的严峻挑战。要确保能源产业链现代化水平在激烈的国际竞争中处于领先地位，就必须牢牢把握国际能源技术创新新动向新趋势，持续加大与国情相适应的先进能源技术创新，努力成为世界能源技术创新中心和创新高地，不断培育能源科技竞争新优势。

（二）新时期我国能源发展对提升产业链现代化水平提出新的更高要求

经过前些年的快速发展，我国已经成为世界上最大的能源生产国和消费国。社会主义现代化强国建设的深入推进对能源供给、消费提出新的更高要求。特别是，在"碳达峰、碳中和"目标、生态文明建设和"六稳六保"等新形势、新要求下，我国能源产业面临保安全、促转型等严峻挑战，对科技创新的需求比以往任何阶段都更为迫切。一是保安全。主要是油气安全保障，2021年原油、天然气对外采买度分别达到约72%、44%，预期后续还将有所增长，亟需通过增储上产和产供储销体系建设提升自主保障水平，守住安全底线。二是促转型。实现"双碳"目标的核心是控制化石能源的消费，提升可再生能源和核电在一次能源消费中的比重。其中，当前面临的突出问题是风、光等可再生能源规模化发展给现有电力系统带来挑战，亟需探索构建新能源占比逐渐提高的新型电力系统；同时，也要继续做好煤炭这篇大文章，探索煤炭绿色低碳高效利用新路径、新模式，适应新时代绿色发展的需要。

要有效应对上述问题和挑战，没有捷径可走，也没有现成的模式可供参考。习近平总书记深刻指出，"能源技术发展将为解决能源问题提供主要途径"，为我们指明了前进的方向。然而，与世界能源科技强国相比，与新时期我国能源高质量发展的要求相比，我国能源科技创新和产业链现代化水平还存在明显差距，突出表现为以下方面。一是部分能源技术装备尚存短板。关键零部件、专用软件、核心材料等大量依赖国外。二是能源技术装备长板优势不明显。能源领域原创性、引领性、颠覆性技术偏少，绿色低碳技术发展难以有效支撑能源绿色低碳转型。三是推动能源科技创新的政策机制有待完善。重大能源科技创新产学研"散而不强"，重大技术攻关、成果转化、首台（套）依托工程机制、容错以及标准、检测、认证等公共服务机制尚需完善。

三、"十四五"能源创新的主要任务

能源行业要遵照习近平总书记重要指示精神，以"四个革命、一个合作"能源安全新战略为统领，切实把科技创新摆在能源发展全局的核心位置，充分发挥创新引领能源发展第一动力作用，统筹补短板和锻长板，加快提升能源产业链现代化水平，有效支撑引领现代能源体系建设。一是聚焦增强油气安全保障能力，补齐油气勘探开发和天然气产供销体系建设技术装备短板。二是聚焦煤炭绿色智能开采、重大灾害防控、分质分级转化、污染物控制等重大需求，形成煤炭绿色智能清洁高效开发利用技术体系。三是聚焦大规模高比例可再生能源系统建设，研发更高效、更经济、更可靠的可再生能源先进发电及综合利用技术，推动氢能与可再生能源融合发展。四是聚焦新型电力系统建设，加快战略性、前瞻性电网核心技术攻关；突破能量型、功率型等储能本体及系统集成关键技术和核心装备，满足能源系统不同应用场景对储能发展的需要。五是聚焦提升核电技术装备水平及项目经济性，开展三代核电关键技术优化研究，支撑建立标准化型号和型号谱系；加强战略性、前瞻性核能技术创新；开展小型模块化反应堆、（超）高温气冷堆、熔盐堆等新一代先进核能系统关键核心技术攻关；开展放射性废物处理处置、核电站长期运行、延寿等关键技术研究，推进核能全产业链上下游可持续发展。六是聚焦新一代信息技术和能源融合发展，开展能源领域用智能传感和智能量测、特种机器人、数字孪生，以及能源大数据、人工智能、云计算、区块链、物联网等数字化、智能化共性关键技术研究，推动煤炭、油气、电厂、电网等传统行业与数字化、智能化技术深度融合，引领能源产业转型升级。

四、完善创新体系为能源产业链现代化提供坚实保障

（一）健全能源科技创新协同机制

落实"四个革命、一个合作"能源安全新战略，建立健全多部门参加、目标明确、分工合理的能源科技创新协同推进工作机制。加强央地能源科技创新工作协同联动，指导各地方完善依托能源工程推进科技创新的相关配套政策。发挥新型举国体制优势，对于目

标明确的攻关任务，按照"揭榜挂帅"的原则确定牵头实施单位，支持牵头实施单位建立跨领域、跨学科的创新联合体，形成协同攻关合力。

（二）完善能源科技创新平台体系

建立健全以全国重点实验室、国家工程研究中心、国家能源研发创新平台以及地方、企业相关创新平台为骨干、梯次衔接的能源科技创新平台体系。依托能源领域优势企业、科研院所布局设立一批国家能源研发创新平台，引导其围绕国家任务加大投入、加强支撑，发挥行业引领作用，构建开放合作、共创共享创新生态圈。

（三）推动能源科技成果示范应用

完善能源技术装备首台（套）政策，进一步细化落实容错机制等支持措施。鼓励地方制定细化首台（套）重大技术装备支持政策，经国家认定的首台（套）重大技术装备示范项目，根据实际需要适当给予优惠和支持。鼓励用户企业建立健全首台（套）评价标准，在确保安全的前提下推进能源首台（套）技术装备示范应用。研究建立能源产业技术装备推广指导目录，向市场推广经过示范验证的先进能源技术装备。

（四）突出企业技术创新主体地位

发挥能源领域中央企业技术装备短板攻关主力军、原创技术策源地和现代产业链"链长"作用，推动中央企业和地方企业联动、国有企业和民营企业协同，组织产业链优势企业强强联合和产学研深度协作，集中优势资源突破制约发展的关键核心技术。鼓励民营企业加强能源技术创新，加大研发投入，专注细分市场，掌握独门绝技，独立或与有关方面联合承担能源技术创新攻关任务。支持由企业牵头，聚焦能源重点领域，发起建立产业技术创新战略联盟，推动能源基础研究、应用研究与技术创新对接融通。

（五）优化能源行业技术标准体系

积极实施标准化战略，大力推进技术专利化、专利标准化、标准产业化。持续深化标准化工作改革，完善能源标准化管理体制机制。加强能源标准化顶层设计，加快能源领域新型标准体系建设。坚持能源标准化与技术创新、工程示范一体化推进，强化标准实施监督，以高标准支撑引领能源高质量发展。积极培育发展团体标准，突出行业标准公益属性，着力提升能源标准质量。

（六）加大能源科技资金支持力度

优化能源科技创新投入机制。坚持两手发力，推动有为政府和有效市场更好结合。在国家能源委员会和国家科技计划（专项、基金等）管理部际联席会议等框架下，加强能源科技财政资金支持力度。发挥财政资金"四两拨千斤"作用，加强对企业创新基金的引导，推动各类所有制企业围绕国家目标和任务加大研发资金投入，吸引各类社会资本投资能源科技创新领域。鼓励国有资本、民营资本等各类社会资本参与能源行业各环节科技创新。

（七）加强能源科技创新国际合作

立足开放条件下自主创新，积极推进与"一带一路"沿线国家能源科技合作，引导国内外能源相关企业、科研机构、高校在能源科技领域的实质性合作。落实"走出去"共建共享发展模式，研究完善能源技术装备国际合作服务工作机制，加强与共建"一带一路"沿线国家和地区在能源技术装备领域的务实合作。积极参与国际热核聚变实验堆计划，加强与清洁能源部长级会议、创新使命部长级会议及国际能源署等多边机制和国际组织的务实合作，促进清洁能源技术研发。

（八）加速能源科技创新人才培养

根据能源技术革命发展需求，支持围绕能源前沿新兴交叉领域开展产教融合试点，满足跨学科专业人才供给。创新能源技术人才培养模式，遵循能源产业发展规律，依托重大能源工程、能源创新平台，加速技术研发、技术管理、成果转化等方面的中青年骨干人才培养，培育一批引领能源技术前沿、支撑能源工程建设的技术带头人和一批懂科技、精管理的复合型人才。在能源关键技术领域，支持能源企业引进储备高层次技术人才，促进优秀人才在研发机构和能源高新企业双向流动。

第四讲　突出能源发展政策导向推动如期实现规划目标

当今世界正经历百年未有之大变局,新一轮科技革命和产业变革深入发展,全球气候治理呈现新局面,能源绿色低碳发展成为大势所趋,能源供需格局深刻调整,创新在能源发展中的核心地位日益凸显。"十四五"时期是我国开启全面建设社会主义现代化国家新征程的第一个五年,也是推进碳达峰、碳中和重大战略决策实施的第一个五年,保障经济社会发展和增进民生福祉的任务很重,能源绿色低碳转型的要求更加迫切,构建现代能源体系面临新的机遇和挑战。《中华人民共和国国民经济和社会发展第十四个五年规划和2035年远景目标纲要》(以下简称《纲要》)对"十四五"时期我国发展作出系统谋划和战略部署,明确了经济社会发展的战略导向和主要指标,对我们深刻把握能源发展方向,科学制定"十四五"能源发展目标和任务,全面构建清洁低碳、安全高效的现代能源体系具有重大意义。

一、"十四五"能源发展的政策导向

按照坚定不移贯彻创新、协调、绿色、开放、共享的新发展理念,以改革创新为根本动力,以满足人民日益增长的美好生活需要为根本目的，统筹发展和安全等要求，"十四五"时期，我国能源发展更加注重统筹安全保障和绿色转型，更加注重坚持创新驱动，更加注重深化改革开放，更加注重以人民为中心，不断实现人民对美好生活的向往。

（一）统筹提升能源安全保障能力和加快绿色转型发展

能源安全是关系国家经济社会发展的全局性、战略性问题，对国家繁荣发展、人民生活改善、社会长治久安至关重要。绿色低碳转型是能源发展的大趋势大方向，是推动实现碳达峰、碳中和目标的必然选择。近年来，我国能源供应总体平稳，结构优化和高效清洁利用取得明显成效，当前国际环境和全球能源格局、体系正在发生深刻变革，我国能源发展和安全保障面临新挑战，需要从国情实际出发，统筹稳增长和调结构，保障能源稳定供应和安全，增强绿色发展支撑能力。

按照中央财经委员会第九次会议关于坚定不移走生态优先、绿色低碳的高质量发展道路，处理好减污降碳和能源安全的关系等要求，《规划》更加注重统筹提升能源安全保障能力和加快绿色转型发展，一方面，始终坚持把保障能源安全作为首要任务，守住安全底线。坚持立足国内、补齐短板、多元保障、强化储备，完善产供储销体系，提升能源的战略安全、运行安全和应急安全水平。另一方面，把加快推动能源绿色低碳转型放在突出位置，大力发展非化石能源，强化消费侧节能降碳，减少能源产业碳足迹，推动能源绿色低碳转型。

(二）坚持创新驱动，全面推动能源高质量发展

能源行业是科技创新最活跃的领域之一，世界上历次工业革命均离不开能源技术的推动，蒸汽机、内燃机、电力技术的发明和应用极大促进了人类社会进步。当前，新一轮科技革命和产业变革正在深入发展，能源技术创新面临新的挑战和机遇。总体看，我国能源技术装备形成了一定优势，在可再生能源、三代核电、输变电等领域达到国际领先水平，但部分关键核心领域还存在短板弱项，支撑碳达峰、碳中和的战略性前沿性技术有待突破，创新对能源高质量发展的驱动作用仍需增强。

《纲要》提出，要坚持创新在我国现代化建设全局中的核心地位，把科技自立自强作为国家发展的战略支撑。《规划》坚持把创新作为引领发展的第一动力，统筹推进能源科技装备补短板和锻长板，加大技术装备攻关力度，努力实现能源技术装备自主可控，持续提升非化石能源开发和化石能源清洁高效利用等技术水平，构筑支撑能源转型变革的先发优势，加快互联网信息技术与能源产业深入融合发展，推动能源产业数字化智能化升级，提升能源产业链现代化水平。

（三）坚持深化改革开放，增强能源发展动力和活力

党的十八大以来，能源领域体制改革取得积极进展，电力体制改革不断深化，油气体制改革取得重要突破，能源领域市场化水平全面提升，竞争性环节价格逐步放开。但是，当前能源市场体系还不健全，能源治理能力还有待提升，能源体制机制还不能完全适应

转型变革的需要。《规划》坚持坚定不移推进改革,着力破除制约高质量发展的体制机制障碍,推进能源治理体系和治理能力现代化,充分发挥市场在能源资源配置中的决定性作用,更好发挥政府作用,持续增强能源发展动力和活力。

近年来,我国以"一带一路"建设为重点,持续推进能源国际合作,积极参与全球能源治理。为加快构建以国内大循环为主体,国内国际双循环相互促进的新发展格局,《规划》坚持共商共建共享原则,实施更大范围、更宽领域、更深层次的能源开放合作,努力实现开放条件下能源安全,加强应对气候变化国际合作,积极参与全球能源治理,推动构建人类命运共同体。

(四)坚持以人民为中心,提升能源共享发展水平

党的十九大强调,增进民生福祉是发展的根本目的。近年来,能源领域把保障和改善民生作为发展的根本出发点,取得了丰硕成果,能源普遍服务水平显著提升,全面解决了无电人口问题,大电网覆盖范围内贫困村通动力电比例达到100%,大力推进光伏扶贫等能源扶贫工程建设,助力脱贫攻坚战取得全面胜利,积极推进北方地区冬季清洁取暖。但同时,我国能源基础设施和服务水平的城乡差距依然明显,清洁能源供应能力仍有待进一步提高,充电基础设施等与老百姓美好生活新需求密切相关的供能设施还有待加强。

《纲要》提出,要坚持以人民为中心,始终做到发展为了人民、发展依靠人民、发展成果由人民共享。《规划》更加注重民生优先、共享发展,持续提升能源普遍服务水平,强化能源民生保障,推进

北方地区清洁取暖，提高农村电力保障水平，加快充电基础设施建设，积极发展农村分布式新能源，推动形成新能源富民产业，让能源发展成果更多更好惠及广大人民群众，为不断实现人民对美好生活的向往提供坚强的能源保障。

二、"十四五"能源发展的主要目标

根据"十四五"时期经济社会发展趋势，按照《纲要》对能源发展的总体要求，综合考虑安全、资源、环境、技术、经济等因素，《规划》锚定2035年远景目标，从安全保障、低碳转型、节能提效、创新发展、普遍服务等方面提出了"十四五"时期能源发展的主要目标。

（一）能源保障更加安全有力

为切实维护国家能源安全，以保障安全为前提构建现代能源体系，按照《纲要》关于实施能源资源安全战略，增强能源持续稳定供应和风险管控能力，2025年能源综合生产能力不低于46亿吨标准煤等要求，《规划》提出了能源生产供应能力提升、能源储备体系建设、安全风险管控等方面的发展目标，确保能源保障更加安全有力。

1. 能源生产供应能力不断增强

我国能源消费量大，约占全世界的26%，为满足经济社会发展对能源的需要，必须把能源的饭碗端在自己手里，不断提高能源自主供给能力，多元化扩大能源生产供应规模。"十三五"时期，我国能源生产总量从36.2亿吨标准煤增至40.8亿吨标准煤，能源自给率始终保持在 80% 以上。"十四五"时期，能源生产供应能力要进一步增强，重点建设一批多能互补的大型清洁能源基地，国内年综合生产能力从 41 亿吨标准煤提高到 46 亿吨标准煤以上，确保能源自给率继续保持在 80% 以上。

（1）油气生产能力。油气勘探开发力度不断提升，探明地质储量持续增加，重点盆地和海域储量动用加快推进，石油产量稳中有升，天然气产量快速增长。

（2）煤炭生产能力。建成山西、蒙西、蒙东、陕北、新疆五大煤炭绿色转型供应保障基地，煤炭生产能力进一步增强，生产结构持续优化，先进产能有序释放，落后产能、无效产能和不具备安全生产条件的煤矿加快退出，矿井智能化和安全高效水平不断提升。

（3）发电装机容量。到 2025 年，我国发电装机总容量达到 30 亿千瓦以上，比 2020 年增加 8 亿千瓦以上（见图 4-1），增量中主要是非化石能源发电装机。结合电力供需变化，合理安排电源建设节奏和应急备用电源，确保电力安全可靠稳定供应。

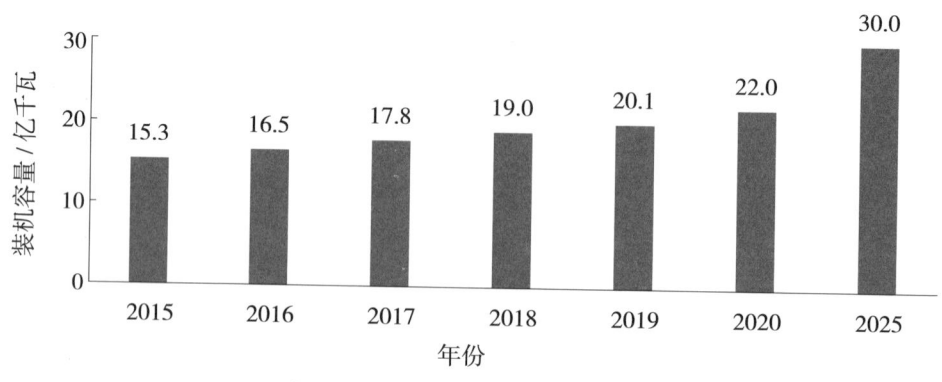

图 4-1 我国发电装机容量

2. 多层次能源储备体系更加优化

能源储备是维护国家能源战略安全的"保护伞",保持能源供需平衡的"稳定器"。我国油气资源比较匮乏,外采率高,油气储备能力直接关系到国家战略安全。同时,能源消费受经济形势、气候气象等因素影响波动幅度较大,能源生产也受资源特性的影响,合理安排能源储备规模是保障能源供应安全、保持价格稳定、提高产能和设备利用效率的重要举措。"十四五"时期,要进一步完善政府和企业、实物和产能储备相结合,油气、煤炭等多个能源品种并举的多层次能源储备体系。

(1)油气储备体系。各种储备形式有机结合、互为补充的石油储备体系基本形成,石油储备能力不断提高。上游企业、国家管网、城镇燃气企业、地方政府各负其责,四方协同的储气能力建设责任机制不断完善,储气设施和安全保障能力建设稳步推进。

(2)煤炭储备体系。以企业社会责任储备为主体、地方政府储备为补充、产品储备与产能储备有机结合的煤炭储备体系基本建立,煤炭储备规模合理增加。

3. 能源应急安全管控能力明显提升

加强能源应急安全管控,主要目的是防范极端情况、网络攻击等潜在安全风险,以及提高事故后的紧急恢复能力,对保障保持经济平稳运行和社会稳定至关重要。"十四五"时期,能源应急安全管控能力将全面提升,电力应急供应和事故恢复能力不断提高。能源及电力安全防御标准合理提高,网络安全防控体系更加完善,对关键系统和重要网络边界的安全监测和防护进一步加强。应急预案体系不断完善，建立有效的应急指挥平台、抢险救援队伍等。

（二）能源低碳转型成效显著

为推进生态文明建设，加快经济社会发展全面绿色转型，推动实现2030年前碳达峰目标，根据《纲要》关于重点控制化石能源消费，加快发展非化石能源，非化石能源消费比重提高到20%左右，单位GDP二氧化碳排放降低18%等要求，《规划》提出了能源结构调整、电源结构优化等方面的发展目标，以推动能源绿色低碳转型取得显著成效。

1.能源结构加快调整

加快调整能源结构是推动能源绿色转型、实现低碳发展的重要抓手。"十三五"时期，我国非化石能源消费比重从12%提高到了15.9%，与世界平均水平相当。按照习近平总书记在气候雄心峰会上宣布的2030年非化石能源占一次能源消费比重达到25%左右以及《纲要》提出的2025年达到20%左右的目标，"十四五"和"十五五"时期非化石能源消费比重分别将提高4.1个、5.0个百分点左右（见图4-2），能源结构加快调整。

按照能源结构调整目标，"十四五"时期，非化石能源发展将进一步加快，成为能源消费增量的主体，水能、核能、风能、太阳能、生物质能、地热能等非化石能源多元并举、能用尽用。天然气科学有序发展。煤炭主要发挥兜底保障作用，消费增长得到合理控制。

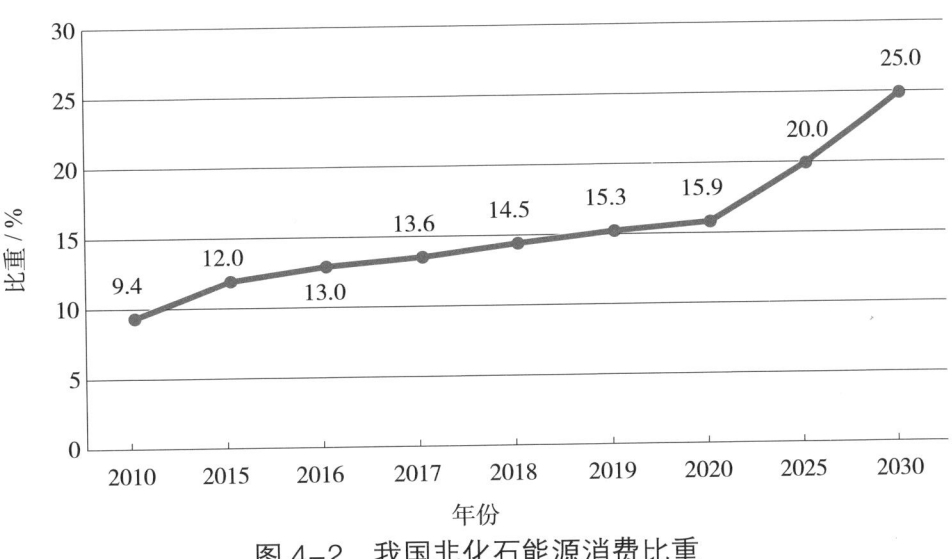

图 4-2 我国非化石能源消费比重

2. 电源结构明显优化

大力发展非化石能源是推动能源绿色低碳转型的关键，发电是非化石能源开发利用的最主要方式。2020 年，我国非化石能源消费量 7.9 亿吨标准煤，其中约 94% 是通过发电利用的。按照 2025 年非化石能源消费比重达到 20% 测算，非化石能源发电量占总发电量比重需达到 39% 左右，比 2020 年提高约 5.8 个百分点。到 2025 年，非化石能源发电装机占全部发电装机容量的比例达到一半以上，成为发电装机的主体。

（1）风电和太阳能发电。集中式和分散式并举发展，中东南部负荷中心及周边地区分散式风电和分布式光伏加快建设，西部地区风电和光伏发电基地化开发稳步推进，在沙漠、戈壁、荒漠地区建设一批大型风电光伏基地项目。"十四五"时期，风电和太阳能发电量实现翻倍，其中海上风电新增并网 3 000 万千瓦左右。

（2）常规水电。在建水电站按期投产，在金沙江上游、澜沧江上游、雅砻江中游等河段开工建设一批大型水电站，雅鲁藏布江下游水电开发前期工作取得积极进展并适时启动建设，西部水电基地与风电、光伏发电实现统筹优化发展。到 2025 年，常规水电装机容量达到 3.8 亿千瓦。

（3）核电。沿海核电建设积极稳妥推进，三代先进压水堆成为主力堆型，高温气冷堆示范工程建成投产，核能综合利用水平不断提高。到 2025 年，核电运行装机容量达到 7 000 万千瓦左右。

（4）生物质发电和地热能发电。优化生物质发电开发布局，稳步发展城镇生活垃圾焚烧发电，有序发展农林生物质发电和沼气发电，在资源条件好的地区建成一批地热能发电示范项目。

（三）能源系统效率大幅提高

为深入贯彻节能优先的发展方针，提高发展质量和效益，按照《纲要》关于完善能源消费总量和强度"双控"制度，全面提高资源利用效率，单位 GDP 能耗降低 13.5% 等要求，《规划》提出了节能降耗、能源资源优化配置等方面的发展目标，实现能源系统效率大幅提高。

1. 节能降耗成效显著

节约资源是我国的基本国策，节能是我国的"第一能源"。近年来，我国能源利用效率持续提高，2020 年单位 GDP 能耗比 2015 年降低 13.2%，是世界平均水平的 1.5 倍左右，与发达国家相比仍有较大差距。"十四五"时期，将坚持和完善能源消费总量和强度"双控"制度，严格控制能耗强度，倒逼产业结构、能源结构调整，重点行业领域能效水平持续提高，确保实现单位GDP能耗降低13.5%的目标，合理控制能源消费总量并适当增加管理弹性，保障经济社会发展和民生合理用能。

2. 能源资源配置更加合理

我国能源资源分布不均衡，优化能源开发布局，加强区间省间资源优化配置，是提升能源系统效率的重要途径。"十四五"时期，充分发挥新能源和分布式能源资源分布广泛的优势，进一步扩大能源就近高效开发利用规模，优化能源输送格局，提高输送效率，实现大范围和整体性效率提升。

（1）能源生产布局。靠近中东部地区负荷中心的分布式能源加快发展，风电和太阳能发电优先就地就近高效开发利用，沿海核电和海上风电成为增强东部沿海地区能源自给能力的重要支撑，"十四五"时期中东部地区新增非化石能源生产能力1.5亿吨标准煤以上。西部清洁能源基地多能互补统筹优化发展，可再生能源得到最大化开发利用，化石能源绿色高效开发水平持续提高，"十四五"时期西部清洁能源基地综合生产能力增加3.5亿吨标准煤以上。

（2）跨省区输电通道。存量输电通道利用率和可再生能源电量输送比例大幅提高，新建一批有利于清洁电力外送消纳、符合能源总体流向格局、满足受端电力需求的输电通道。"十四五"时期，存量通道输电能力提升4 000万千瓦以上，平均利用小时数达到

4 500 小时以上，新增开工建设跨省区输电通道规模合计 6 000 万千瓦以上，新建通道可再生能源电量比例达到 50% 以上。

（3）油气管网。原油和成品油长输管道布局持续完善，成品油管输比例进一步提高。天然气长输管道及区域天然气管网加快建设，管网互联互通、互供互保能力明显增强，LNG 储运体系不断完善。到 2025 年，全国油气管网规模达到 21 万公里左右。

（四）创新发展能力显著增强

为增强能源发展动力，提升能源产业链现代化水平，按照《纲要》关于深入实施创新驱动发展战略，补齐短板、锻造长板，全面塑造发展新优势，加快数字化发展等要求，《规划》提出了能源技术装备攻关、新型电力系统建设、能源产业数字化升级等方面的发展目标，推动能源领域创新发展能力显著增强。

1. 能源技术装备水平明显提升

"十四五"时期，聚焦能源领域关键核心技术装备短板和绿色低碳转型方向，持续加大研发投入，研发经费年均增长 7 个百分点以上，新增关键技术突破领域 50 个左右，能源领域补短板和锻长板全面推进，自主可控的能源产业体系基本建立，非化石能源开发利用等技术装备优势进一步巩固。

（1）补齐短板。基础共性短板重要产品供应渠道得到拓展，产业链供应链抗风险能力明显提升。

（2）锻造长板。风电、太阳能发电、生物质能、地热能、新一代先进核能等领域的技术装备取得新突破，化石能源绿色开采和清洁高效利用技术水平不断提高，新型储能成本持续下降并实现规模化应用，安全运行水平明显提升，在氢能产业链方面取得一定先发优势。

2. 新型电力系统建设取得阶段性进展

风电和太阳能发电等新能源大规模高比例发展对传统电力系统提出了巨大挑战，电力供需平衡和安全稳定运行的难度加大，迫切需要构建新型电力系统。以远期构建形成新能源为主体的新型电力系统为导向，"十四五"时期，力争在新型电力系统建设方面取得积极进展，电源协调优化运行水平不断提高，电网发展模式更加多元，用电负荷更有弹性，新型储能实现规模化应用，电力系统向适应大规模高比例新能源方向加快演进。

（1）电源灵活调节能力。到2025年，火电灵活性改造规模累计超过2亿千瓦，抽水蓄能装机容量达到6 200万千瓦以上，新型储能规模达到3 000万千瓦以上，灵活调节电源占比由2020年的18.5%提升到24%左右。

（2）电网结构形态和运行模式。区域电网主网架结构不断完善，配电网智能化水平全面提升，接纳新能源和多元化负荷的能力不断增强，智能微电网与大电网兼容互补发展，主动配电网、直流配电网、柔性直流等新技术稳步推广应用，电网调度运行更加智能高效。

（3）电力负荷弹性。居民、商业和一般工业用电负荷的弹性逐步释放，可中断负荷、可调节负荷规模不断扩大，供需双向互动能力明显增强，新能源汽车与电网能量互动、源网荷储一体化等新模式逐步推广。到2025年，电力需求侧响应能力达到最大负荷的3%～5%，其中华东、华中、南方等地区达到最大负荷的5%左右。

3. 能源数字化智能化进程加快

当前能源系统正在发生深刻变化，随机性波动性新能源规模扩大增加了稳定供应的难度，电动汽车、新型储能、氢能等快速发展使能源系统逐步呈现能量双向流动的特征，各类能源品种和产供储销各个环节的协同优化运行水平有待提高，数字化智能化升级成为解决上述问题的重要手段，互联网信息技术的进步为构建智慧能源系统创造了条件。"十四五"时期，信息技术将加快与能源产业融合发展，能源基础设施数字化水平不断提高，互联网、大数据、人工智能、5G等在能源领域应用更加广泛，基本形成灵活调控、高效运行的智能调度体系，智慧能源平台和能源大数据中心建设取得积极进展，建成一批智慧电厂、智能电网、智能油气管网等智慧能源示范工程。

（五）普遍服务水平持续提升

为保障和改善民生，提高能源共享发展水平，按照《纲要》关于提高基本公共服务均等化水平、完善乡村基础设施等要求，《规划》提出了城乡供能基础设施建设、居民清洁能源供给等方面的发展目标，实现能源普遍服务水平持续提升。

1. 城乡供能基础设施均衡发展

"十四五"时期，人民生产生活用能便利程度和保障能力持续增强，农村电力保障水平不断提高，城乡供电质量差距明显缩小，天然气管网覆盖范围进一步扩大，供气设施向农村地区有序延伸，北方地区冬季清洁取暖比例不断提高，电动汽车充电更加便捷。

2. 乡村能源绿色低碳转型加快

乡村清洁能源供应能力不断增强，新能源产业发展有效拓宽农民增收渠道，"千乡万村驭风行动"和"千家万户沐光行动"全面实施，农业秸秆、生活垃圾、畜禽粪污等基本实现资源化综合利用。能源消费绿色低碳转型加快，农村用能电气化水平不断提高，北方地区农村清洁取暖稳步推广。

第五讲　推动构建新型电力系统

构建新型电力系统,是推动能源系统清洁低碳发展、支撑实现碳达峰、碳中和的重要举措。《规划》提出,"十四五"期间要推动构建新型电力系统,创新电网结构形态和运行模式,增强电源协调优化运行能力,加快新型储能规模化应用,大力提升电力负荷弹性,推动电力系统向适应大规模高比例新能源方向演进。

一、构建新型电力系统的背景与意义

(一)传统电力系统面临重大挑战

传统电力系统难以适应新形势下安全保障需要。从应对传统电力安全挑战来看,我国电力系统长期以来坚持"三道防线"安全准则,较好地保障了电力系统安全稳定运行。目前,我国多区域交直流混联的大电网结构日趋复杂,波动性较大、抗扰动能力较低的新能源发电大规模接入电网,同时新型电力电子设备应用比例大幅提升,极大地改变了传统电力系统的运行规律和特性,传统电力系统在理论分析、控制方法、调节手段等方面难以适应,电力系统安全稳定风险日益加大。从应对非传统电力安全挑战来看,随着电力系统物理和信息层面互联程度的提升,人为极端外力破坏或通过信息攻击手段引发电网大面积停电事故的风险不断增加。

传统电力系统难以适应大规模高比例新能源发展需要。"十三五"期间，通过有效挖掘传统电力系统消纳裕度，包括加强电网省间互济以及火电灵活性改造等，我国新能源消纳利用水平不断提高，新能源发电量占比从 5% 提升到 10% 左右。未来，在实现电力清洁绿色转型的过程中，新增新能源发电装机将以数倍于新增用电负荷的速度并网，对传统电力系统的规划和运行提出了巨大的挑战。仅依靠传统电力系统电源侧和电网侧的调节手段已难以满足新能源持续大规模并网消纳的需求，亟需激发负荷侧和新型储能消纳新能源的潜力，形成源网荷储协同消纳新能源的格局。

传统电力系统难以适应灵活开放电力市场构建需要。未来市场主体将从"单一化"向"多元化"转变，电力输送将从发输配用"单向传输"向源网荷储"多向互动"灵活传输转变，充分电力市场环境下电力系统的运行方式需要频繁变化。我国电网调度机构长期以来采取"统一调度、分级管理"原则，计划性较强，调度方式的灵活性有待进一步提升。

（二）新型电力系统概念的提出

2020 年 9 月，习近平总书记在第七十五届联合国大会上提出，中国二氧化碳排放力争于 2030 年前达到峰值，努力争取 2060 年前实现碳中和。同年 12 月，习近平总书记再次在气候雄心峰会上提出，到 2030 年中国单位 GDP 二氧化碳排放将比 2005 年下降 65% 以上，非化石能源占一次能源消费比重将达到 25% 左右，风电、太阳能发电总装机容量将达到12亿千瓦以上。2021年3月，习近平总书记在中央财经委员会第九次会议强调，将碳达峰、碳中和纳入生态文明整体布局，并首次提出构建新型电力系统。同年10月，《中共中央 国务院关于完整准确全面贯彻新发展理念做好碳达峰碳中和工作的意见》和《2030年前碳达峰行动方案》相继出台，进一步提出要构建新能源占比逐渐提高的新型电力系统，推动清洁电力资源大范围优化配置，从源网荷储和体制机制等方面明确了构建新型电力系统重点任务和有关目标。

（三）构建新型电力系统的重要意义

新型电力系统概念的提出，对于推动传统电力系统向全面清洁化、更高水平电气化和充分市场化转型，助力能源体系绿色低碳转型具有重要意义。推动构建新型电力系统，创新电网结构形态和运行模式，增强电源协调优化运行能力，加快新型储能规模化应用，提升电力负荷弹性，推动电力系统向适应大规模高比例新能源方向演进，有利于进一步促进大规模高比例新能源持续开发利用、提升复杂电力系统安全水平，更好应对非传统电力安全挑战、适应电力系统充分市场化环境，实现电力工业高质量发展。

二、"十四五"构建新型电力系统的思路与重点任务

"十四五"期间，将以绿色低碳为引领，以高效电网为平台，以安全保障为基础，以服务民生为中心，以技术创新为动力，以体制改革为保障，以国际合作为促进，推动清洁低碳、安全可靠、智

慧灵活、经济高效的新型电力系统建设取得阶段性成效。

（一）切实增强系统安全保障和资源配置能力

构建新型电力系统应以保障能源电力供应安全为基础和前提，立足以煤为主的基本国情，统筹电力安全保供与转型升级，传统能源逐步退出要建立在新能源安全可靠的替代基础上，加强支撑性电源建设，保障合理装机裕度，科学布局应急电源，提高新能源跨区域配置及电力支撑能力，大力开展需求响应能力建设，积极稳妥防范化解电力安全供应风险。

着力夯实供应保障电源基础。保障电源是保障电力供应的"压舱石"，应科学预留电力安全保供裕度，建立常态化预测预警和用电监测机制，提前谋划替代保供方案，既要从需求侧密切跟踪各行业碳达峰行动对用电增长的影响，又要从供给侧做好保障性电源储备。不断加强托底保供能力建设，在充分发挥新能源保供能力的基础上，按需安排一定规模保障电力供应安全的支撑性电源和促进新能源消纳的调节性电源。

持续推进应急备用能力建设。在保障电力供应充裕的同时，电力系统还需具备足够的应急备用能力以应对负荷波动及安全风险。在气源有保障、气价可承受、调峰需求大的负荷中心适度布局一批调峰气电项目，鼓励燃煤自备电厂实施天然气替代。开展系统安全保供评估，建立煤电拆除报告制度，符合安全、环保、能效要求和相关标准的合规煤电机组"退而不拆"，关停后作为应急备用电源。完善电力应急响应体系，以应对大面积停电、自然灾害等安全风险。

加快提升网间电力互济能力。我国能源资源与负荷中心呈逆向分布,在推进电源建设的同时,还需加强跨省跨区输电通道建设,不断提升电力资源配置能力。加强重点存量输电通道送受端电网配套工程建设,推进配套电源投产,优化配套电源结构,着力提升输电通道利用效率和新能源电量占比。结合新能源基地开发消纳需要,按风光水火储多能互补开发模式,科学布局跨省跨区电力流。按照电源电网同步投产原则,提前谋划建设大型水电基地外送通道。科学研判负荷中心用电趋势,适时启动建设储备输电通道。同时,结合大型风电光伏基地开发和中东部地区电力供需形势,建成投产一批、开工建设一批、研究论证一批多能互补输电通道,提升"十四五"后期及中长期中东部重点地区电力支撑能力。

大力强化需求响应能力建设。为打破传统源随荷动的发展思路,充分调度用户侧的主动响应能力,有效降低尖峰负荷对于供应保障电源的需求,提升电力系统的整体效率和经济性,应将强化需求响应能力建设作为电力保障系统建设的重要环节,积极发展电动汽车、新型储能、电供暖等可调节负荷灵活参与的智能高效用电模式,鼓励电价敏感型高载能负荷改善工艺和生产流程,挖掘灵活用电潜力,降低支撑电源装机需求。建立健全电力需求响应交易平台,激发各类市场主体参与电力需求响应活力,推进负荷响应由单向计划响应向双向灵活互动响应发展。

防范化解电力安全保供风险。波动性大、抗扰动能力低的新能源大规模高比例接入电网、新型电力电子设备应用比例大幅提升、日趋复杂的多区域交直流混联的大电网结构、严重自然灾害、网络攻击等非常规风险等将给电力安全保障带来极大的挑战，应从推动电力安全风险管控能力建设、提升电力系统安全稳定运行水平、大力提升电力系统网络安全保障能力等三个方面开展工作，有效防范化解电力安全保供风险。

（二）统筹提升源、网、荷侧灵活协调运行能力

新型电力系统要达成绿色、安全、经济的发展目标，需要统筹源、网、荷侧资源，完善调度运行机制，多维度提升系统灵活调节能力、安全保障水平和综合运行效率，满足新能源开发利用、经济社会用电需求以及综合用能成本等综合性目标。

发挥电源侧的灵活调节和协调运行能力。当前，综合比较各类电源侧提升灵活性措施的成本和效益，火电灵活性改造仍是最具经济性的方案，且可优化存量电力消费结构。"十四五"期间，应继续大力推动火电灵活性提升，完善火电机组主动深度调峰的补偿机制，充分发挥存量煤电机组的灵活调节能力。对于燃煤自备电厂，应结合碳排放权交易与可再生能源电力消纳责任权重考核，扩大清洁能源替代发电权交易规模，引导其主动调峰消纳清洁能源，打造高比例绿色转型示范。对于抽水蓄能、调峰气电等灵活性电源和支撑性电源，应结合各地区电力系统需求、建设运行条件和电价承受能力合理规划建设。加强应急备用电源建设，切实保障电力安全可靠供应。在充分考虑新能源发展需求与各类灵活调节措施后，"十四五"末期全国新型储能装机容量将达到 3 000 万千瓦以上。其

中，新能源项目通过配置储能、提升功率预测水平、智慧化调度运行等措施，可以有效提升并网友好性、电力支撑能力以及抵御电力系统大扰动能力，成为系统友好型绿色电站，作为未来新型电力系统中可靠供电的主体电源。

提升电网侧的清洁电力灵活优化配置能力。"十三五"后期，随着新能源逐步进入平价上网阶段、消纳利用水平持续提升，"三北"地区凭借优异的新能源储量和资源条件、相对较低的开发建设成本，重新成为新能源开发建设重点区域。"十四五"期间，要加大力度规划建设以大型风光电基地为基础、以其周边清洁高效先进节能煤电为支撑、以稳定安全可靠的特高压输变电线路为载体的新能源供给消纳体系。统筹优化风光和支撑性、调节性电源开发布局，以落实消纳条件为前提，改革新能源汇集和电力分配方式，打破县市界限，以沙漠、戈壁、荒漠地区为重点推进风电和光伏发电基地化规模化开发消纳。依托已建跨省跨区输电通道和火电"点对网"输电通道，重点提升存量输电通道输电能力，优化输电结构，持续提高输电通道新能源电量比重，多措并举增配风电光伏基地；依托建成投产和开工建设的重点输电通道，配套建设大型风电光伏基地；依托研究论证输电通道，以沙漠、戈壁、荒漠地区为主规划建设大型风电光伏基地；创新发展方式和应用模式，通过风光储数、风光储园、风光制氢等多能互补和源网荷储一体化方式，优先利用沙漠、戈壁、荒漠土地和工矿废弃土地等，建设一批就地消纳的大型风电光伏项目。发挥区域电网内资源时空互济能力，统筹区域电网调峰资源，打破省际电网消纳边界，加强送受两端协调，保障大型风电光伏基地消纳。

挖掘用户侧的灵活互动和安全保障能力。用户侧是挖掘负荷增长潜力、优化电力消费结构的直接对象，也是提升系统灵活调节能力的重点方向。"十四五"时期，进一步加快工业、建筑、交通等重点耗能和碳排放行业的电气化转型。在新能源资源富集地区，可推动建设新能源就地绿色供电的示范工业园区，实现终端用能的绿色电能替代和低碳化发展。同时，可通过发展有源负荷和用户侧储能，健全需求侧响应与可中断负荷价格政策，引导大工业、工商业、居民等各类用户发挥灵活用电潜力。在具备条件的地区，可开展电动汽车灵活充电、大数据中心智能调度、5G数据通信基站等虚拟电厂示范，合理配置新能源与储能设施，实现新能源电力的自主调峰和高效利用。此外，针对大规模分布式新能源的就地开发利用需求，应加快配电基础设施和新能源微电网建设。通过配电网建设改造和智能化升级，实施农村电网巩固提升工程等，推动微电网与大电网灵活互济，有效提升分布式新能源的接入消纳能力以及终端用户的供电可靠性。

（三）加快突破一批新型电力系统关键技术

科技创新是构建新型电力系统的关键支撑。"十四五"期间，亟需在系统运行机理、智能调度、新型储能等关键技术和装备上实现突破，可先行开展一批探索建设新型电力系统的示范工程，待形成示范效应后逐步推广应用。

"双高型"电力系统的运行机理和关键技术。随着间歇性、波动性新能源接入电网规模的快速扩大，新型电力电子设备应用比例的大幅提升，传统电力系统的运行规律和特性产生了极大改变。对于高比例新能源、高比例电力电子装置的新型电力系统，由于系统转动惯量减小、频率调节能力降低，以及新能源设备涉网性能标准相对偏低，新能源大规模并网后容易引发脱网和系统振荡等问题，对电力系统的安全稳定、经济运行带来了显著影响。为此，亟需依托先进量测、现代信息通信、大数据、物联网等技术，形成全面覆盖电力系统发、输、配、用全环节，及时高速感知、准确传递信息的数字化信息感知与传输系统，推进电力基础设施数字化改造，大幅提升电力系统数字化模拟运行能力，实现电力系统的精准数字化仿真，加快构建智能化电力运行监测体系，推进智能化模拟运行系统建设，推动电力全产业链数字化。同时，需要深入研究储能等新技术大规模应用后的新能源电力支撑潜力、负荷侧灵活调节潜力，创新源网荷储统一参与电力平衡的规划设计方法、协同运行理论，最大化提升系统的安全稳定运行水平和新能源消纳利用水平。

"风光储"、"源网荷储"一体化的智慧灵活调度技术。智慧调度技术是充分发挥源网荷储各环节灵活调节潜力的关键。长期以来，我国电网调度采取"统一调度、分级管理"原则，计划性较强而灵活性不足。未来，随着风电、光伏、储能的大规模分散式接入，以及分布式发电、可调节负荷、电动汽车充电设施等负荷侧灵活性调节资源的快速增长，电力市场主体将从单一化向多元化转变，电力输送将从发输配用单向传输向源网荷储多向互动灵活传输转变。在未来灵活开放的电力市场体系下，亟需改变电力系统的传统调度运行方式，通过引入5G通信、大数据、人工智能等新技术，充分利用大规模分布式的可调节电源、储能、灵活性负荷等各类资源，建设智慧高效、多向互动的高度智能化调度运行体系，实现源网荷储一体化的智慧灵活调度，更好地发挥电网促进清洁能源资源优化配置的平台作用。

低成本、长寿命、高安全性的新型储能技术。储能是支撑构建新型电力系统的重要装备和关键技术，特别是新型电储能具有精准控制、快速响应、布局灵活的特点，可以突破传统电力供需在时间与空间上的限制，将不稳定的新能源出力转化为稳定可靠的电力供应，在提高电力安全保障能力、促进新能源消纳、提高系统运行效率等方面发挥重要作用。目前，电储能的成本仍然偏高，技术成熟度和安全性还有待提升，规划运行机理尚未得到充分研究，商业模式和投资收益机制还不健全，制约了更大范围的规模化应用。"十四五"需出台国家层面的新型储能指导政策，全局优化规模布局，加快技术研发和运行机理研究，健全价格收益机制，完善项目管理流程和技术标准规范，通过在源、网、荷侧的规模化应用推动成本持续下降。同时，应加快电、热、气等多品种储能的技术研发和协调应用，在不同时间和空间尺度上满足系统调节和电力存储需求，充分发挥多领域综合效益。

（四）积极稳妥开展新型电力系统规模化创新试点

加快工业领域绿色微电网建设，鼓励开展一批智慧电厂、智能电网、智能用电、虚拟电厂、微电网等试点示范工程，推动微电网和大电网联合智能调度试点。优化整合本地电源侧、电网侧、负荷侧资源，以先进技术突破和体制机制创新为支撑，积极开展区域（省）级、市（县）级、园区（居民区）级"源网荷储一体化"和多能互补试点示范。支持电网企业选择若干分别具备高比例清洁能源接入、高密集负荷接入、高度市场化特征的地区，以分层分区模式开展新型电力系统建设试点，促进增量配电网、主动互动式微电网等开展新业务。

三、加大支撑构建新型电力系统的政策供给

市场和机制是构建新型电力系统的基础保障。除电力体制改革常规任务外，"十四五"期间，针对构建新能源占比逐渐提高的新型电力系统，需要加快破除各类市场机制障碍，以完善的市场体系、健全的价格机制、创新的体制机制，提升各类市场主体参与的积极性，推动新型技术和商业模式落地实施。

（一）建立完善多交易品种协同的电力市场体系

"十四五"期间，需要着力建立完善中长期交易、现货市场、辅助服务市场相结合的市场体系。加快构建全国统一电力市场体系，推动各电力市场协同运行，加快打破省间壁垒，完善政府间协议与电力市场相结合的清洁能源输送消纳协同机制，在全国范围内

优化配置电力资源和优先消纳清洁能源。进一步规范和完善电力中长期交易机制，丰富交易品种，探索新能源跨省跨区中长期交易机制，鼓励售电公司或电力大用户与大型新能源基地电源企业签订长期购售电协议。建立源网荷储一体化和多能互补项目协调运营和利益共享机制，探索建立新能源基地与支持其运行的调节电源的内部补偿机制。明确储能独立市场主体地位，支持储能参与电力中长期交易、现货市场和辅助服务市场。

（二）健全上下游环节价格形成和成本疏导机制

在电源侧，应加快推进上网电价改革，有序放开尚未由市场形成的电价。对于抽水蓄能电站，应保障项目合理收益，引导社会资本积极参与建设。对于新型储能，进一步健全支持政策体系，明确其在建设、并网、交易、调度、结算等各环节细化政策，并建立社会资本建设新型储能公平保障机制。支持"新能源+新型储能"融合商业模式，对于"源网荷储一体化"等以市场化方式消纳的项目，可研究给予电价政策支持。对于保障电力安全供应的气电、煤电等基础支撑性电源，探索建立覆盖应急备用电源的容量成本回收机制，完善支持煤电灵活性改造的价格政策。

在电网侧，应深化输配电价改革，强化准许收入监管，理顺输配电价结构，增强输配电价机制的灵活性。进一步完善跨省跨区输电通道输电价格机制，促进可再生能源电力跨区域消纳。完善支持分布式清洁能源发电自发自用和就近利用的电价机制。

在负荷侧，应积极推动销售电价改革，逐步推进除居民、农业用户外的其他用户进入电力市场，建立健全与市场电价水平动态联动的保底供电价格机制。进一步完善分时电价、居民阶梯电价制度，以更加灵活的峰谷电价机制引导各类用户释放灵活用电潜力。

（三）推动市场化、多元化的商业模式创新

通过创新投资收益机制，探索新型商业模式，发挥市场的资源配置决定性作用，可以引领各类市场主体主动参与新型电力系统建设。一方面，要建立新能源开发新机制，促进新能源就近利用，建设新能源微电网，鼓励新能源电力专线供电，促进乡村振兴。另一方面，推动新型电力系统投资运营主体多元化，引导电网、电源等各类企业加大投资力度，多途径培育虚拟电厂、需求侧响应等新兴市场主体。同时，要鼓励各类社会资本通过市场化合作的方式参与新型电力系统投资建设，鼓励电、气、冷、热等各类项目协同建设运营，鼓励开展上下游产学研用全产业链的市场化合作。对于"源网荷储一体化"、"风光水火储一体化"等大型创新示范项目，应鼓励采用一体化规划、一体化开发、一体化运营的全流程管理模式，通过签订多方协议等市场化方式实现各方利益共享、风险共担，充分发挥项目开发运行的集约化、规模化效益。

（四）加快完善新能源消纳长效机制

加快推进绿色电力交易试点工作，推动绿色电力在交易组织、电网调度、价格形成机制等方面体现优先地位。要区分好增量项目和存量项目，进一步完善新能源市场化交易政策，加快推动构建以碳排放权为主体的生态环境权益交易市场体系。

第六讲　加快推进可再生能源高质量发展

近年来，全球能源转型进程加快，可再生能源加速发展。2012年以来可再生能源新增电力装机占全球新增电力装机比重已连续9年实现过半，过去10年可再生能源新增发电约占全球新增发电量的60%，2019年、2020年可再生能源连续两年成为全球能源消费净增量首位的一次能源。大力发展可再生能源是我国践行应对气候变化自主贡献承诺、推动实现碳达峰、碳中和目标的战略选择。

一、发展基础和总体思路

"十三五"期间，我国可再生能源实现了跨越式发展，取得了举世瞩目的成就。水电、风电、太阳能发电和生物质发电累计并网装机规模分别连续16年、11年、6年和3年稳居世界第一，可再生能源发电2019年起开始成为我国发电量增量主体，水电、风电、光伏发电装备及产业技术水平世界领先，形成了完备的全产业链集成制造体系，政策体系日益完善。

"十四五"及今后一段时期，全球能源将加速向低碳、零碳方向演进，可再生能源在全球能源转型中的作用进一步凸显；我国将坚决落实碳达峰、碳中和目标任务，大力推进能源革命向纵深发展，可再生能源发展机遇千载难逢，前景极其广阔，任务艰巨繁重。"十四五"可再生能源发展将坚持以习近平新时代中国特色社会主义思想为指导，完整、准确、全面贯彻新发展理念，锚定碳达峰、碳中和目标，深入实施能源安全新战略，以高质量跃升发展为主题，以提质增效为主线，以改革创新为动力，坚持可再生能源优先发展、大力发展不动摇，实施可再生能源替代行动，提高可再生能源消纳和存储能力，巩固提升可再生能源产业核心竞争力，构建新能源占比逐渐提高的新型电力系统，努力推动可再生能源大规模、高比例、市场化、高质量发展，有效支撑清洁低碳、安全高效的能源体系建设。

二、大规模开发可再生能源

未来我国经济长期向好，能源需求在相当长一段时期内仍将保持持续增长，在能源需求持续增长的同时实现碳达峰、碳中和目标，必须持续提升可再生能源的供给能力。为实现《纲要》提出的2025年非化石能源消费比重提高到20%左右等目标，2025年我国可再生能源消费总量应达到10亿吨标准煤左右，可再生能源供暖（制冷）、生物液体燃料等可再生能源非电利用规模也应大幅提升。

从开发布局思路看，"十四五"期间我国可再生能源将坚持集中式与分布式并举、陆上与海上并举、就地消纳与外送消纳并举、单品种开发与多品种互补并举、单一场景与综合场景并举；在开发实施路径上，通过区域布局优化发展、重大基地支撑发展、示范工程引领发展、行动计划落实发展，保障实现"十四五"发展目标。

（一）集散并举、陆海并举、多场景融合，持续扩大风电和光伏发电装机规模

积极推动风电光伏发电分布式就近开发，大力推进光伏发电多场景融合开发。在工业园区、经济开发区等负荷中心及其周边地区，积极推进风电分散式开发、屋顶光伏开发利用，在新建工业厂房和公共建筑积极推进光伏建筑一体化（BIPV）开发。重点推广应用低风速风电技术，合理利用山地丘陵、沿海滩涂等土地资源，在符合区域生态环境保护要求的前提下，因地制宜推进中东南部风电就地就近开发。积极推进"光伏+"综合利用行动，鼓励农（牧）光互补、渔光互补等复合开发模式，推动光伏发电与5G基站、大数据中心等信息产业融合发展，推动光伏在新能源汽车充电桩、铁路沿线设施、高速公路服务区及沿线等交通领域应用。重点实施"千乡万村驭风行动"、"千家万户沐光行动"、城镇屋顶光伏行动、"光伏+"综合利用行动、光伏廊道示范等。

在陆上，统筹推进以沙漠、戈壁、荒漠为主的大型风电和光伏发电基地建设。受地形地势和气候气象条件影响，我国风能、太阳能资源富集区域与沙漠、戈壁、荒漠主要分布区域高度重叠，"十四五"期间将以风光资源为依托、以区域电网为支撑、以输电通道为牵引、以高效消纳为目标，重点在沙漠、戈壁、荒漠化地区加快建设一批生态友好、经济优越、体现国家战略和国家意志的大型风电光伏基地项目。大型风电光伏基地项目布局坚持就地消纳和外

送消纳并举，一是发挥区域市场优势，主要依托省级和区域电网消纳能力提升，创新开发利用方式，推进松辽、冀北、黄河下游等以就地消纳为主的大型风电光伏基地建设；二是利用省内省外两个市场，依托既有和新增跨省跨区输电通道、火电"点对网"外送通道，推动光伏治沙、可再生能源制氢和多能互补开发，重点建设新疆、黄河上游、河西走廊、黄河"几"字弯等新能源基地。"十四五"期间，新能源基地新增风电、光伏发电并网装机规模持续提高，可以为实现"十四五"可再生能源发展目标提供有力支撑。

在海上，有序推进海上风电由近及远、集群化发展。优化近海海上风电布局，积极推动近海海上风电规模化发展。开展深远海海上风电规划，推动深远海海上风电技术创新和示范应用，探索集中送出和集中运维模式，开展深远海海上风电平价示范。加快推动海上风电集群化开发，重点建设山东半岛、长三角、闽南、粤东和北部湾五大海上风电基地；结合重点海上风电基地建设，探索推进具有海上能源资源供给转换枢纽特征的海上能源岛建设示范，建设海洋能、储能、制氢、海水淡化等多种能源资源转换利用一体化设施，开展海上风电与海洋油气田深度融合发展示范。

（二）多品种互补，统筹推进水风光综合开发

大型水电运行灵活、调节能力强，是新型电力系统重要的容量支撑、转动惯量支撑。"十四五"期间，一是坚持科学有序推进大型水电基地建设，积极开展项目前期工作，稳步推进工程建设，推动网源协调发展。到2025年，全国常规水电装机规模达到3.8亿千

瓦。二是积极推进大型水电站优化升级，提升水电灵活调节能力，发挥水电调节潜力。三是做好生态环境保护与移民安置工作，做好水电规划和项目环境影响评价。四是依托已建成水电、"十四五"期间新投产水电调节能力和水电外送通道，推进水风光可再生能源综合开发，"十四五"期间重点建设川滇黔桂水风光综合基地和藏东南水风光综合基地。

（三）因地制宜、多元融合，扎实推进生物质能、地热能、海洋能发展

稳步推进生物质能多元化开发。稳步发展生物质发电，积极发展生物质能清洁供暖，加快发展生物天然气，大力发展非粮生物质液体燃料，开展生物天然气示范、生物质能清洁供暖示范等。

积极推进地热能规模化开发。北方地区大力推进中深层地热供暖，因地制宜选择"取热不耗水"、"井下换热"等先进技术，最大程度减少对地下土壤、岩层和水体的干扰；推广"地热能+"多能互补的供暖形式。积极探索东南沿海中深层地热能制冷技术应用。重点在具有供暖制冷双需求的华北平原、长江经济带等地区，优先发展土壤源热泵，积极发展再生水源热泵，适度发展地表水源热泵，扩大浅层地热能开发利用规模。有序推动地热能发电发展。

稳妥推进海洋能示范化开发。稳步发展潮汐能发电，推动万千瓦级潮汐能示范电站建设。开展潮流能和波浪能示范，积极推进兆瓦级潮流能发电机组应用，推动多种形式的波浪能发电装置应用。结合"生态岛礁"工程，选择有电力需求、可再生能源资源丰富的

海岛，探索海洋能在海岛多能互补电力系统的推广应用。

三、高比例利用可再生能源

风电和光伏发电出力不可控，难以跟随电力负荷调节，发电与用电匹配性较差，给其消纳利用形成了较大障碍。构建新能源占比逐渐提高的新型电力系统，实现可再生能源高比例消纳，一是从发电侧着手，加快建设抽水蓄能、太阳能热发电等可再生能源存储调节设施；二是从电网侧入手，强化多元化智能化电网基础设施支撑，加强大电网层面的源网协调，提升电力系统对高比例新能源的适应能力；三是重视负荷侧、消费侧对可再生能源利用的牵引作用，加强可再生能源发电终端直接利用，扩大可再生能源多元化非电利用规模，推动可再生能源规模化制氢利用等，多措并举提升可再生能源利用水平。

（一）加快抽水蓄能、梯级水电储能、储热型太阳能热发电及新型储能发展

加快推进抽水蓄能电站建设。实施全国新一轮抽水蓄能中长期规划，明确"十四五"期间重点开工建设项目，加快纳入全国抽水蓄能电站中长期规划项目前期工作并力争开工。在新能源快速发展地区，因地制宜开展灵活分散的中小型抽水蓄能电站示范，扩大抽水蓄能发展规模。到 2025 年，全国抽水蓄能电站装机规模达到 6 200 万千瓦以上。

推进黄河上游梯级电站大型储能试点项目建设。开展黄河上游

梯级电站大型储能项目研究，探索新能源发电抽水与梯级储能电站、流域梯级水电站的联合运行，创新运行机制。充分利用黄河上游已建成梯级水电站调节库容，推进龙羊峡—拉西瓦河段百万千瓦级梯级电站大型储能试点项目建设。

有序推进长时储热型太阳能热发电发展。推进关键核心技术攻关，推动太阳能热发电成本明显下降。在青海、甘肃、新疆、内蒙古、陕北等资源优质区域，结合大型风电、光伏发电基地建设，建设长时储热型太阳能热发电项目，发挥太阳能热发电储能调节能力和系统支撑能力，推动太阳能热发电与风电、光伏发电基地一体化建设运行，提升新能源发电的稳定性可靠性。

推动其他新型储能规模化应用。明确新型储能独立市场主体地位，完善储能参与各类电力市场的交易机制和技术标准，发挥储能调峰调频、应急备用、容量支撑等多元功能，促进储能在电源侧、电网侧和用户侧多场景应用。创新储能发展商业模式，明确储能价格形成机制，鼓励储能为可再生能源发电和电力用户提供各类调节服务。创新协同运行模式，有序推动储能与可再生能源协同发展，切实提升可再生能源消纳利用水平。

（二）提升电力系统调节能力，优化电力调度运行机制，提高新能源就地消纳和外送消纳能力

加强电网基础设施建设及智能化升级，强化源网协调，提高新能源就地消纳能力。

在电网方面，一是加强可再生能源富集地区电网配套工程及主

网架建设，支撑可再生能源在区域内统筹消纳；二是推动配电网扩容改造和智能化升级，提升配电网柔性开放接入能力、灵活控制能力和抗扰动能力，增强电网就地就近平衡能力，构建适应大规模分布式可再生能源并网和多元负荷需要的智能配电网。

在源网协调方面，一是积极推进煤电灵活性改造，推动自备电厂主动参与调峰，在新能源资源富集地区合理布局一批天然气调峰电站，充分提升系统调节能力；二是优化电力调度运行，合理安排系统开机方式，动态调整各类电源发电计划，探索推进多种电源联合调度；三是引导区域电网内共享调峰和备用资源，创新调度运行与市场机制，促进可再生能源在区域电网范围内消纳。

在输电通道方面，一是提升"三北"地区既有特高压输电通道新能源外送规模，推动既有火电"点对网"专用输电通道外送新能源，优化新建通道布局，推动可再生能源跨省跨区消纳；二是强化送受端地区网架结构，提升电网基础设施支撑能力，推动"三北"地区既有特高压交直流通道输电能力尽快达到设计水平，统筹配套一批风电和光伏发电基地，充分提升输电通道中新能源电量占比，持续提升存量特高压通道可再生能源电量输送比例，扩大跨省跨区可再生能源消纳规模；三是挖掘火电机组调节潜力，利用火电"点对网"专用输电通道，就近布局风电和光伏发电项目，通过火电专用通道外送，推动传统单一煤电基地向风光火（储）一体化综合能源基地转型，提高新能源外送消纳能力；四是优化新建通道布局，新开工建设的以水电为主的输电通道，在确保水电外送的基础上，扩大风电和光伏发电外送规模，新开工建设的风光火打捆输电通道，提升配套火电深度调峰能力，统筹布局风电和光伏发电基地，可再生能源电量占比原则上不低于50%。

（三）推动新能源终端应用、可再生能源制氢及乡村可再生能源综合利用，扩大可再生能源消费空间、扩展应用场景

拓展可再生能源电力消纳空间。对大工业用电负荷，因地制宜开展新能源电力专线供电，建设新能源自备电站，推动绿色电力直接供应和对燃煤自备电厂的替代，建设一批绿色直供电示范工厂和示范园区。结合增量配电网试点，积极发展以可再生能源为主的微电网、直流配电网，在局域配电网中提高分布式可再生能源终端直接应用规模。在边远、海岛等地区，结合新型储能技术应用，构建高比例可再生能源独立供电系统。

扩大可再生能源非电直接利用规模。在北方清洁供暖中因地制宜优先利用可再生能源供暖，示范建设以可再生能源供暖为主的多能互补供暖体系。持续推进燃料乙醇、生物柴油等清洁液体燃料商业化应用。提高燃气、热力管网等基础设施对可再生能源应用的兼容，完善可再生能源非电利用的设施环境。重点实施发供用高比例新能源（电力）示范、可再生能源规模化供热行动，并强化终端综合利用，开展区域内新增能源消费100%由可再生能源供给的绿色能源县（园）建设，继续推进清洁能源示范省建设。

推动可再生能源规模化制氢及利用，发挥氢储调节作用，并通过二次转换拓展可再生能源电力消费空间。在可再生能源发电成本

低、氢能储输用产业发展条件较好的地区，推进化工、采煤、交通等重点领域绿氢替代。

扩大乡村可再生能源综合利用，提升乡村可再生能源就地供应能力。一是利用建筑屋顶、院落空地、田间地头、设施农业、集体闲置土地等推进风电和光伏发电分布式发展，因地制宜推动生物质能、地热能、太阳能、电能供暖，提高农林废弃物、畜禽粪便的资源化利用率，发展生物天然气和沼气，开展村镇新能源微能网示范，构建以可再生能源为基础的乡村清洁能源利用体系。二是持续推进农村电网巩固提升，建设满足大规模分布式可再生能源接入、电动汽车下乡等发展需要的县域内城乡互联配电网，筑牢乡村振兴电气化基础。三是提升乡村可再生能源普遍服务水平，强化县域可再生能源开发利用综合服务能力，提升农村智慧用能水平，构建功能齐全、上下联动、自我发展的乡村可再生能源服务体系。重点实施乡村能源站行动、农村电网巩固提升行动和村镇新能源微能网示范。

四、创新驱动可再生能源高质量发展

立足当下，我国可再生能源产业规模、装备产能等稳居世界首位，多数技术都处于世界先进水平，部分材料、核心元器件（零部件）、控制系统等核心技术还存在技术瓶颈。展望未来，全球能源转型进程加快，科技创新高度活跃，主要国家不断加大在新一代信息技术、新材料技术、储能技术、精准天气预测技术、柔性输电技术等前沿技术方面的投入。为支撑我国可再生能源可持续规模化发展，"十四五"时期应加大可再生能源关键技术攻关力度，补齐技术装备短板，提高产业链现代化水平，提升供应链弹性韧性，同时布局前沿方向，激发创新活力，完善可再生能源创新链，加快培育新模式新业态，持续巩固提升我国可再生能源产业国际竞争力。

（一）加大可再生能源技术创新攻关力度

重视新型电力系统稳定性可靠性相关技术创新。推行"揭榜挂帅"、"赛马"等创新机制，提高风能、太阳能资源预报准确度和风电、光伏发电功率预测精度，改善新能源发电涉网性能，创新含高比例新能源、高比例电力电子装置的电力系统稳定理论、规划方法和运行控制技术等新型电力系统关键技术，提升新型电力系统稳定性可靠性。

加强可再生能源前沿技术和核心技术装备攻关。加强前瞻性研究，加快对可再生能源前沿性、颠覆性开发利用技术攻关，重点开展超大型海上风电机组研制、高海拔大功率风电机组关键技术研究，开展光伏发电户外实证示范，掌握钙钛矿等新一代高效低成本光伏电池制备及产业化生产技术，突破适用于可再生能源灵活制氢的电解水制氢设备关键技术，研发储备高能量密度储能技术。加强基础性研究，加快对可再生能源关键设备、材料、核心元器件（零部件）、智能控制系统的技术攻关，突破可再生能源技术装备瓶颈。重点突破风电高承载主轴承、绝缘栅双极型晶体管（IGBT）、超长叶片等核心技术和生产制造，推进大容量风电机组创新突破；提高光伏电池关键材料、生产制造设备关键部件自给率；突破生物天然气原料预处理、消化、利用等全产业链关键技术；推进适用于可再生能源制氢的新型电解水设备国产化；加快大容量、高密度、高安全、低成本新型储能装置研制。

持续推进可再生能源工程技术创新及应用。以重大工程为依托，推动水电特殊地质条件地区地基处理与筑坝技术研究，突破高水头大容量水轮发电机组制造技术。重点推进深远海域海上风电勘察、施工、输电、运维新技术研究和应用。推进光热发电工程施工技术与配套装备创新，研发具有自主知识产权的光热电站集成技术。支持干热岩开发技术、高温地热发电技术的研究与应用，开展中深层地热供暖技术创新。

（二）培育可再生能源发展新模式新业态

推动可再生能源智慧化发展。推动可再生能源与人工智能、物联网、区块链等新兴技术深度融合，发展智能化、联网化、共享化的可再生能源生产和消费新模式。推广新能源云平台应用，汇聚能源全产业链信息，推动能源领域数字经济发展。

大力发展综合能源服务。综合可再生能源、储能、柔性网络等先进能源技术和互联通信技术，推动分布式可再生能源高效灵活接入与生产消费一体化，建设冷热水电气一体供应的区域综合能源系统，发展与大规模分布式可再生能源发展相适应的专业化、网格化运行维护服务体系。

推动可再生能源与电动汽车融合发展。利用大数据和智能控制等新技术，将波动性可再生能源与电动汽车充放电互动匹配，实现车电互联。采用现代信息技术与智能管理技术，整合分散的电动汽车充电设施，通过电力市场交易等促进可再生能源与电动汽车互动发展。

创新推动光伏治沙规模化发展。开展光伏治沙示范应用，因地制宜科学选择治理模式、种植作物等，探索形成不同条件下合理的光伏治沙建设方案，带动沙漠治理、耐旱作物种植、观光旅游等相关产业发展，形成沙漠治理、生态修复、生态经济、沙漠产业多位一体、治用并行、平衡发展的发展体系。

（三）提升可再生能源产业链供应链现代化水平

锻造产业链供应链长板。推动可再生能源产业优化升级，加强制造设备升级和新产品规模化应用，实施可再生能源产业智能制造和绿色制造工程，推动产业高端化、智能化、绿色化发展。发挥我国可再生能源市场规模优势、全产业链集成制造优势、配套优势和部分技术先发优势，优化区域产业链布局，强化投资、人才等资源的合理配置与技术装备支撑，巩固提升我国可再生能源产业国际竞争力。

补齐产业链供应链短板。推动可再生能源产业基础再造，加快重要产业技术工程化攻关，重点补齐基础材料、基础零部件与先进基础工艺短板，推动产业基础高级化，强化关键环节、关键产品保障能力，持续增强产业链韧性和弹性。推动退役风电机组、光伏组件回收处理技术与新产业链发展，补齐风电、光伏发电绿色产业链最后一环，实现全生命周期绿色闭环式发展。发展可再生能源发电、供热、制氢等先进适用技术，推动可再生能源产业链供应链多元化。

完善产业标准认证体系。健全可再生能源技术装备标准、检测、认证和质量监督组织体系，完善可再生能源设备生产、项目建设和运营管理。鼓励国内企业积极参与国际可再生能源领域标准制定，推进标准体系、合格评定体系与国际接轨，促进认证结果国际互认。

（四）完善可再生能源创新链

加强科技创新支撑。加大对能源研发创新平台支持力度，重点支持可再生能源、新型电力系统、规模化储能、氢能等技术领域，整合资源、组织力量对核心技术方向实施重大科技协同研究和重大工程技术协同创新。建立能源领域国家实验室，开展战略性、前瞻性、基础性研究。加大高水平人才培养与引进力度，鼓励各类院校开设可再生能源专业学科并与企业开展人才培养合作，完善可再生能源领域高端人才引进机制，完善人才评价和激励机制，造就一批具有国际竞争力的科技人才与创新团队。

打通科技成果转化通道。发展大容量风电机组及其关键零部件测试技术与平台，建设典型气候条件下光伏发电技术实证公共服务平台，加快推动新技术实证验证与工程转化。加强知识产权保护，推进创新创业机构改革，建设专业化市场化技术转移机构和技术经理人队伍，促进推动科技成果转化，通过产学研展洽会等多种形

式，加强国内外先进科技成果转化对接。

五、改革推动可再生能源市场化发展

目前，我国风电、光伏发电已全面进入平价无补贴发展阶段，且发电成本仍有持续下降空间，在电源侧，可再生能源尤其是以风电、光伏发电为主的新能源市场正从补贴推动发展转向市场化发展阶段。"十四五"时期，可再生能源将坚定市场化发展趋势，在深化行业"放管服"改革的基础上，健全消纳保障机制，完善市场化发展机制，建立健全绿色能源消费机制，加快构建能够充分发挥市场在资源配置中的决定性作用和更好发挥政府作用的长效发展机制。一是深化可再生能源行业"放管服"改革。加大简政放权力度，完善监督管理机制，提升政务服务水平。二是健全可再生能源电力消纳保障机制。强化可再生能源电力消纳责任权重引导，加强可再生能源电力消纳责任权重评价考核，建立健全可再生能源电力消纳长效机制。三是完善可再生能源市场化发展机制。健全可再生能源开发建设管理机制，完善可再生能源全额保障性收购制度，完善可再生能源价格形成和补偿机制，构建可再生能源参与市场交易机制。四是建立健全绿色能源消费机制。完善绿色电力证书机制，建立绿色能源消费认证和标识体系，积极引导绿色能源消费。

第七讲　积极安全有序发展核电

> 核电是清洁低碳、安全高效的优质能源，是技术和资金密集型的战略性产业，在构建现代能源体系、保护生态环境、应对全球气候变化和促进科技进步等方面，发挥着重要的作用，也是带动高技术产业和现代制造业发展的重要载体。国家"十四五"规划《纲要》、《2030年前碳达峰行动方案》等均对核电发展作出部署，要求积极安全有序发展核电，保持合理稳定建设节奏，稳步提高核电在能源电力结构中的比重，推动能源高质量发展。

一、世界核电发展现状

截至2021年底，全球在运核电机组440余台，分布在32个国家和地区，装机容量约4亿千瓦，占全球电力总装机的5%和发电量的10%；在建机组56台，装机容量约5400万千瓦，分布在17个国家和地区。美国和欧盟的核能发电量占其经济体总发电量比重均在20%左右，欧盟核能发电已占其低碳发电总量的50%（见图7-1）。

二、我国发展核电的重要意义

在确保安全的前提下积极有序发展核电，对优化我国能源电力

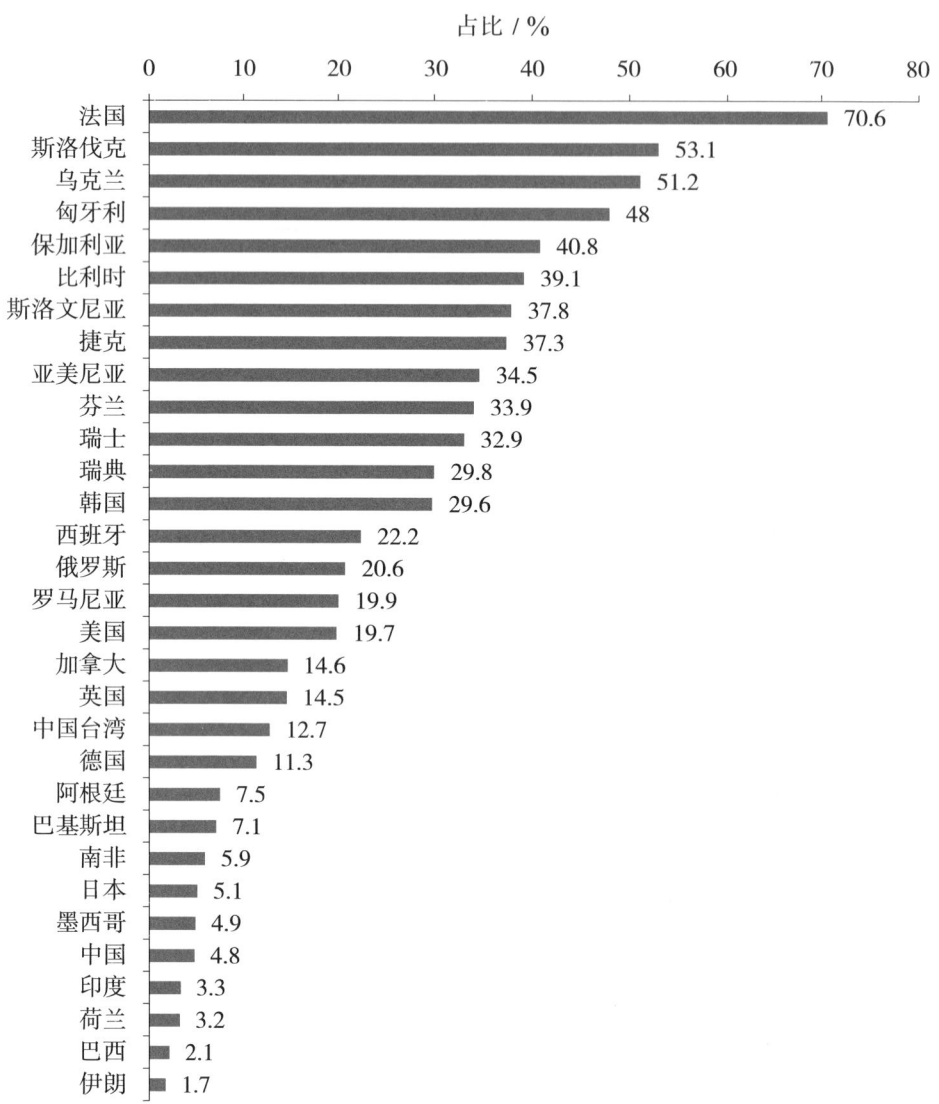

图 7-1　2020 年世界各国（地区）核电发电量占其经济体总发电量比重

数据来源：国际原子能机构。

结构，提高我国能源安全自主保障能力，带动技术革命和产业升级，加速工业体系现代化进程等具有重要意义。

一是发展核电有利于加快建设能源强国。我国政府承诺力争2030年前二氧化碳排放达到峰值，非化石能源占一次能源消费比重达到25%左右。核电运行稳定可靠、清洁低碳，是我国实现能源转型的重要选项，将在保障国家能源安全、推进绿色发展和应对气候变化中发挥不可或缺的作用。

二是发展核电有利于推进建设科技强国。核电是战略性高科技产业，与材料、机电、冶金、化工、矿冶、建筑等领域密切相关。核电技术创新可有效带动相关产业科技进步，促进我国原始创新、基础创新等能力提升，提高国家科技竞争实力，推动创新型国家建设进程。

三是发展核电有利于加快建设制造强国。核电具有特殊的质量要求及安全性要求，对装备制造工艺、质量控制、检测标准等方面的要求极其严格，能够有效引领新材料、新工艺、精密仪器以及先进制造技术的创新和升级，促进国家高端制造和创新能力迈上新台阶。

三、我国核电发展现状

党中央、国务院高度重视核电安全发展，经过40多年的努力，我国核电在技术研发、工程设计、装备制造、建设运行等方面取得了显著成绩，系统掌握"华龙一号"、"国和一号"、高温气冷堆等自主先进核电技术，核电建设全面进入三代技术时代。

"十三五"期间，我国核电共投产机组20台、装机容量2 343万千瓦；开工机组9台、装机容量1 133万千瓦。截至2021年底，我国在运核电机组51台、装机容量约5 328万千瓦，约占全国电力总装机的 2.2%，位居世界第三；在建机组 18 台、装机容量约 2 015 万千瓦，位居全球首位（见图 7-2 和图 7-3）。

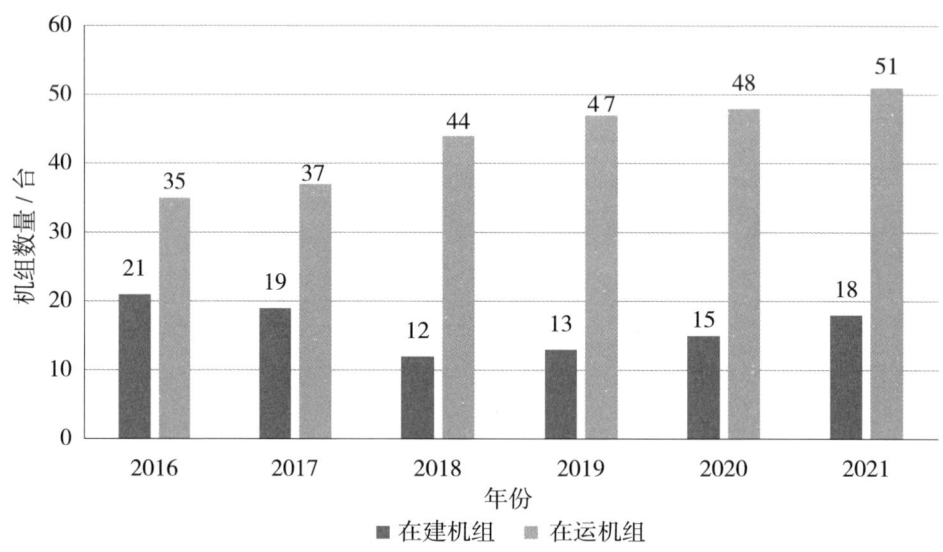

图 7-2　2016—2021 年我国核电机组数量

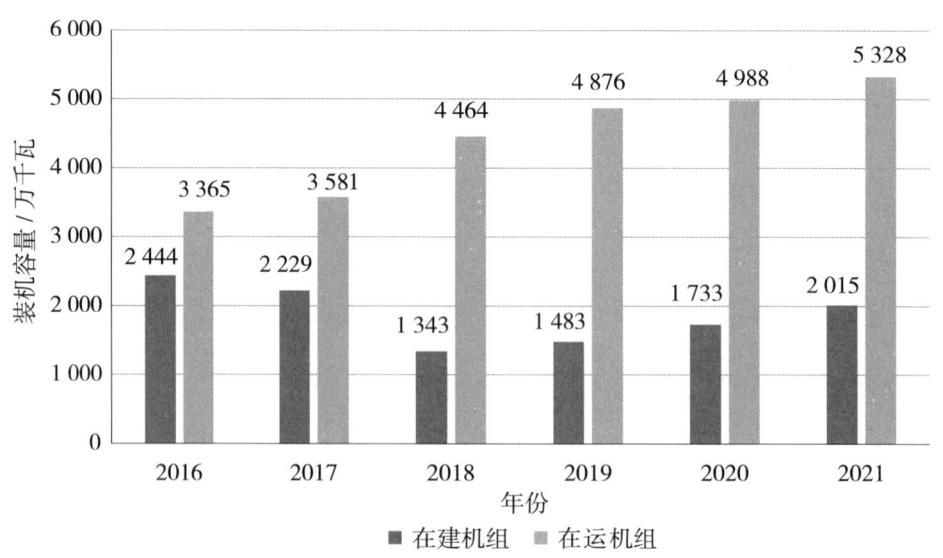

图 7-3　2016—2021 年我国核电装机容量

2021年我国核电发电量4 075亿千瓦时，占全国发电量比重约4.9%（见图7-4和图7-5），折合标准煤消耗减少1.2亿吨，减排二

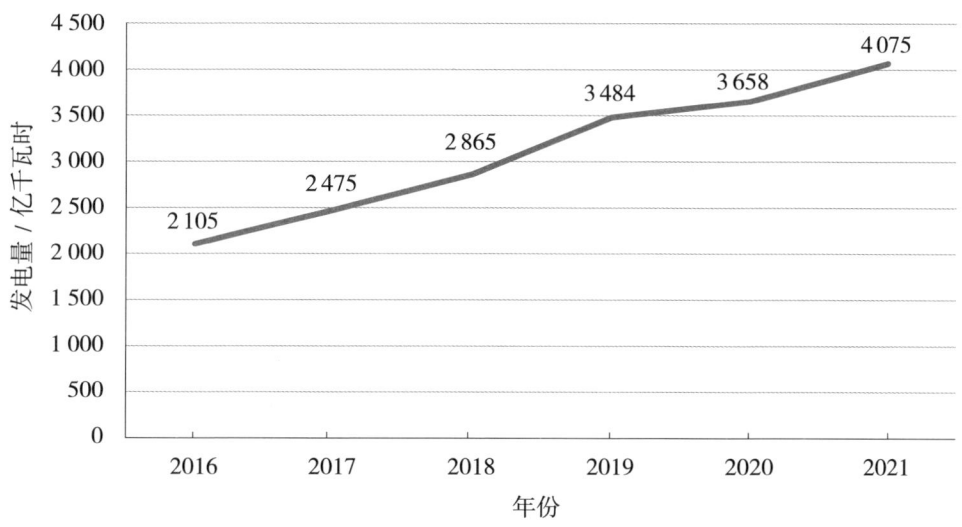

图7-4　2016—2021年我国核电发电量

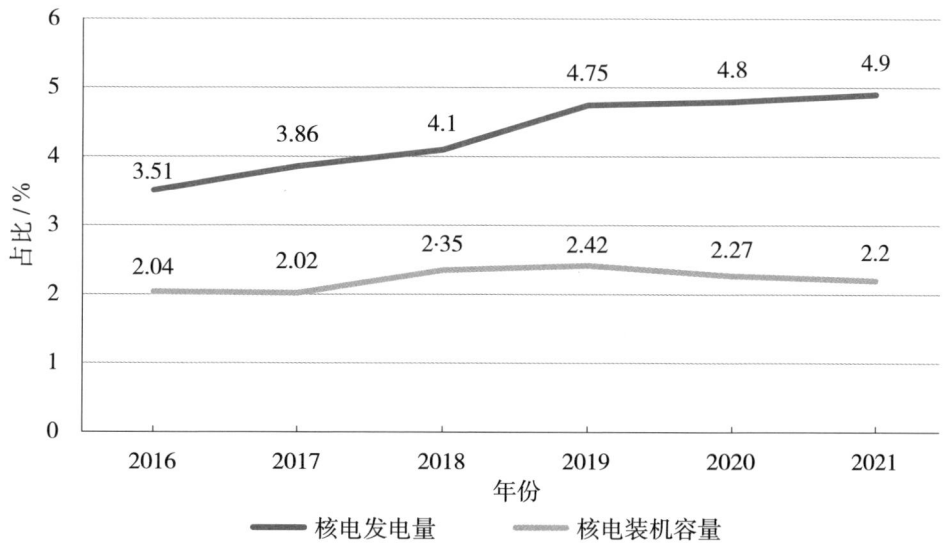

图7-5　2016—2021年我国核电发电量及装机容量占比

氧化碳约 3.2 亿吨，在保障能源电力安全稳定供给的同时，也为温室气体减排和大气污染防治作出积极贡献。

核电安全业绩居于世界前列。我国在运核电机组目前未发生过国际核与辐射事件分级手册 2 级及以上运行事件 / 事故，主要运行参数优于国际中值水平，部分指标达到国际先进水平，未对公众和环境造成任何不良影响。核安全监管能力水平不断提升，核事故应急体系基本完善。

核电自主创新能力显著增强。形成自主品牌的"华龙一号"、"国和一号"等三代压水堆和具有第四代特征的高温气冷堆先进核电技术。小型堆、四代堆等新一代核能系统研发与国际同步。初步建立起政产学研用深度融合的核能科技创新体系和成果转化平台。

装备制造能力水平持续提升。压力容器、蒸汽发生器、主管道、堆内构件、控制棒驱动机构、数字化仪控等关键设备，以及大型锻件、核级锆材、690U 型管、核级焊材等核心材料，基本实现自主设计、自主制造。形成了每年 8～10 台（套）核电主设备制造硬件能力，建设施工能力全球领先。

核燃料供应保障体系不断完善。建立了国内、国际并举的天然铀供应保障体系。国内核燃料生产加工能力满足核电建设运营需要，建成了可支撑核电长期持续发展的核燃料供应体系。

核电对外合作有序推进。海外建设运行机组 6 台、装机容量 348 万千瓦。实现"华龙一号"核电技术成套出口，国产设备实现批量进入国际市场。围绕共建"一带一路"倡议，正在形成良好合作格局。

配套制度改革取得积极进展。《中华人民共和国核安全法》颁布实施，核电多元化投融资机制逐步建立，由多家共同参与、适度竞争的核电市场格局已经形成，核电行业管理、核安全监管、核应急管理体系进一步完善。

四、持续提升核电安全水平

严格执行全球最高安全标准。新建大型核电机组必须满足最新安全要求，充分论证对人居安全和生态环境的影响，从设计上实际消除可能导致早期放射性释放或大量放射性释放工况发生的可能性，确保安全万无一失。

强化核电安全质量管理。建立完善选址、设计、建造、运行、退役等环节安全管理法规制度。加强核电建造质量管理，落实各方安全责任，做好建设运行经验交流。持续优化设计，提升应对超设计基准事故的能力。不断完善和实施既有核电厂安全改造，提升应对极端自然灾害等外部事件的防御能力。研究运用5G、物联网、工业互联网平台等数字技术，提升核电安全在线监测智能化水平。

加强核安全监管能力建设。依托国家核与辐射安全监管技术研发基地，提高独立分析、试验验证、安全预警、监测应急等能力。加强地区核与辐射安全监督能力建设，提高现场监督执法能力。保障监管人力配置，建设一支与核电发展规模相适应的高效监管队伍，完善国家核安全监管体系。

完善核应急、核安保预案体系。完善核应急组织指挥体系建设，优化核应急救援、技术体系，组建场内专业应急响应队伍。推进核应急科技创新，加强应急演习和培训，实现核应急综合实力整体提升。加强核安保联防联控体系建设，加强核安保新技术、新装备应用，建立和完善核安保体系和法规标准。

五、稳步有序推进核电建设

在确保安全的前提下，积极有序推动沿海核电项目建设，保持平稳建设节奏。开展核能综合利用示范，推动高温气冷堆、模块化小型堆、快堆、低温供热堆、海上浮动式核动力平台等先进堆型建设示范，积极推动核能在清洁供暖、工业供热、海水淡化等领域的综合利用。切实做好核电厂址资源保护。到2025年，核电运行装机容量达到7000万千瓦左右。

六、全面提升核电科技创新能力

持续推进核电技术研发攻关。继续做好大型先进压水堆和高温气冷堆技术的优化升级，加大核电安全技术装备研发力度，支持核电安全运行技术研发和应用，推进核与辐射安全技术研发。建设核能科研重大基础设施，推动基础性、原创性核电技术创新，加快关键共性技术产业化、工程化。加大新一代核能系统研发攻关，服务国家能源技术革命及战略需求，大力推进小型堆、四代堆等新一代核能系统开发，形成研发攻关、试验示范、商业推广的梯次布局。

加强核电科技协同创新平台建设。实施核电重大科研基础设施和试验验证平台开放共享，完善平台共享管理和评价机制。加快核电科技成果转化应用，畅通技术转移和成果转化通道，强化创新链和产业链的有机衔接。打造具有世界影响力的核能国家科技创新基地，形成国家科技创新基地。引领原始创新，跨企业、跨院校技术研发中心推动集成创新，企业科研机构突破应用创新的系统布局。

完善核电知识产权保护体系。加强核电科技创新的知识产权分析和专利布局，增强知识产权保护意识，提升知识产权抗风险能力。完善知识产权制度和技术转移工作体系，强化知识产权制度对科技创新和科技成果产业化的基本保障作用。

发挥标准的引领和促进作用。贯彻落实国家加强核电标准化工作的总体部署，依托核电工程项目、装备研发、科技创新开展标准化同步建设，及时将先进技术创新成果转化为标准，加快完善核电标准体系。通过标准化引领技术发展和保障核电安全、促进成果应用和提升行业技术水平。

七、大力加强核电配套体系建设

加强核电装备产业链自主化能力。加大关键设备研发投入，支持企业开展技术改造及配套能力建设，突破关键设备、部件和原材料的研发瓶颈，进一步提升自主化能力。推进智能化、信息化、数字化在核电装备制造领域应用，打造智能制造产业体系，不断提升设备制造企业的设计能力。建立健全核电设备的检测与试验验证平台，加强自主化设备认证体系建设。支持、鼓励、推广自主化国产化装备全面应用，提高装备制造业国产化积极性。

加强核燃料供应保障能力建设。推进核燃料循环生产能力建设，满足核电发展需要。加强核电放射性废物处置体系建设。统筹规划核电乏燃料贮存与处理设施建设，建立完善相关管理制度。加强核电厂退役顶层设计。统筹做好核电厂退役准备工作，开展核电厂退役技术和装备研发设计工作，做好技术储备。研究建立核电厂退役相关政策法规和技术标准。

八、积极推动核电对外合作

紧密围绕共建"一带一路"倡议，准确把握全球核能发展大势，加强统筹谋划，在巩固深化现有合作项目的同时，稳妥培育新的合作机遇，努力推动核电国际合作高质量发展。

第八讲　发挥煤炭安全兜底保障作用

煤炭是我国主体能源，攸关国计民生和能源安全。煤炭行业应认真贯彻落实党中央、国务院关于能源安全和低碳转型的重大决策部署，立足以煤为主的基本国情，加快构建供应安全稳定、利用清洁高效、开发绿色智能的煤炭发展新格局，全面提升安全绿色素质，充分发挥煤炭在能源安全稳定供应中的兜底保障作用，肩负起保障经济社会平稳运行、确保国家能源安全的重要历史使命。

一、能源低碳转型进程加快，煤炭兜底保障作用愈发凸显

煤炭行业供给侧结构性改革取得显著成效。"十三五"以来，煤炭行业深入贯彻党中央关于供给侧结构性改革的决策部署，持续推进"上大压小、增优汰劣"，一大批落后产能加快退出，先进产能有序释放，产业结构不断优化，大型国有煤矿进一步做强做优做大，安全生产在高水平上持续好转，绿色开发和生态修复快速推进，产供储销体系加快完善，供给能力和供给弹性显著增强，煤炭在能源安全中的兜底保障作用更加坚实。"十四五"期间，煤炭要按照绿色低碳的发展方向，对标实现碳达峰、碳中和目标任

务，立足国情、控制总量、兜住底线，有序减量替代，推进煤炭消费转型升级，夯实能源安全供应的"压舱石"和"稳定器"作用，为全社会严格落实能源消费总量和强度"双控"要求提供有利条件。

能源低碳转型需要煤炭支撑。"十四五"时期，我国能源低碳转型进入碳达峰关键期窗口期。加快推进能源革命，发展非化石能源，逐步降低煤炭消费比重，构建清洁低碳、安全高效的现代能源体系，是我国能源高质量发展的必然要求。当前，大规模低成本储能尚未突破，新型电力系统正在构建，灵活性煤电机组调峰仍是未来可再生能源大规模发展和系统运行的主要手段，高比例可再生能源接入能源系统需要依靠煤炭和煤电支撑，需要煤炭的兜底保障作用。

煤炭兜底保供压力加大。我国部分产煤地区资源开采条件差，剩余可采储量逐步减少，自然灾害威胁严重，随着安全环保要求不断提高，大规模退出甚至整体退出的可能性日益加大。煤炭生产越来越向晋陕蒙新等地区集中，但供需格局的重构、运输流向的匹配、紧急情况下的保供都需要有一个调整成熟的过程。新能源占比提高有利于实现能源清洁转型，但也因气候因素影响、出力受阻，加大了能源稳定可靠供应的压力。此外，受地缘政治、贸易摩擦、疫情防控等因素影响，我国能源进口也面临着不确定性。这些因素都对我国能源稳定供应提出了新要求，煤炭兜底保供作用愈发重要。

二、优化煤炭产能结构，调整生产开发布局

提升先进优质产能比重。以大型煤炭基地为重点，结合煤炭供需和区域布局，在资源条件好、开发潜力大的区域，按照智能化煤矿建设标准，有序布局建设先进产能，引导优质产能向优势资源地区聚集，着力扩大优质增量供给。鼓励现有生产煤矿以推进智能化发展为抓手，采用高新技术装备和现代管理理念，加快实施智能化改造，全面提升技术水平、生产效率和安全保障能力。

分类推进煤矿关闭退出。坚持"先立后破"，充分发挥市场机制作用，强化法律法规和技术标准约束，统筹煤矿关闭退出与煤炭稳定供应，有序淘汰一批生产效率低、技术装备水平低、安全保障程度低、资源枯竭的落后产能煤矿，避免"一刀切"式关闭退出。开采范围与生态保护红线、国家公园、国家地质公园、自然保护区、风景名胜区、饮用水水源保护区等生态敏感区域重叠且矿业权设置在前的煤矿，做到应退尽退。

科学布局保障基地。统筹资源禀赋、市场区位、环境容量、输送通道等因素，优化发展山西、蒙西、蒙东、陕北、新疆五大煤炭供应保障基地，以发展先进优质产能为重点，有序布局建设资源条件好、竞争能力强、安全保障程度高的大型现代化煤矿，持续优化煤炭产能结构，增强煤炭跨区域供应保障能力。贯彻落实《黄河流域生态保护和高质量发展规划纲要》，把水资源和生态环境承载力作为刚性约束，合理规划黄河流域煤炭产业发展，坚定走煤炭绿色高质量发展之路。

三、完善储备物流体系,做好煤炭保供工作

建立健全煤炭储备体系。支持符合条件的企业履行社会责任,在煤炭生产地、消费地、铁路交通枢纽、主要中转港口建设煤炭储备。煤炭调入地区要结合实际,通过多种方式建立煤炭产品储备,保障本区域发电供暖等民生用煤需求。

推动优化煤炭运输结构。科学推进跨区域煤电输送对电煤运输替代,增强浩吉、瓦日、集通等煤运铁路集疏运配套能力,提升港口集疏运能力和堆存能力,积极推动煤炭长距离运输"公转铁"、中短途运输采用管廊或新能源车辆,促进煤炭清洁高效运输,提升重点煤炭供应保障基地跨区域调运能力,满足重点地区、重点时段民生用煤保障的运输需求。

做好重点地区用煤保障。东北地区应加快技改煤矿建设进度,提升煤运能力和储备能力。两湖一江地区应充分发挥浩吉铁路作用,优化集运端煤矿开发布局,加快沿线集疏运配套设施建设,布局建设一批储煤基地。西南地区应加快推进贵州和云南资源整合和技术改造煤矿建设进度,充分发挥地区通道运力,布局建设一批储煤基地。

四、推进煤炭资源绿色智能开发,促进煤炭与新能源优化组合

全面推进煤矿智能化建设。以示范煤矿为引领,加快推进煤矿智能化建设与升级改造,实现煤矿地质勘探、巷道掘进、煤炭开

采、主辅运输、通风、排水、供液、供电、安全防控等各业务系统的数据融合与智能联动控制，推动煤炭产业向绿色智能转型。对冲击地压、煤与瓦斯突出、采空区水害等灾害严重的矿井，优先开展智能化采掘（剥）和危险岗位的机器人替代，率先提升智能化水平。到2025年，大型煤矿和灾害严重煤矿基本实现智能化。

加强煤炭清洁生产。完善矿区资源、生态、经济协调发展机制，推动煤炭企业实施清洁生产，坚持以最小的环境扰动获取最大的资源开发收益。在煤矿勘查、设计、建设、生产等环节，严格执行生态环保标准，采用先进环保理念和技术装备。严格落实煤矿企业生态修复主体责任，对落实不到位的企业，依法追究责任。大力开展采煤沉陷区综合治理和露天矿植被恢复，加强矸石山治理及煤矸石综合利用。对适合进行自然恢复的矿区，通过采取适当保护措施、改善植被恢复条件等方式，促进自我修复。

实施煤炭产业与新能源融合发展。按照"风光水火储一体化"发展思路，顺应新能源快速发展趋势，摸清退出矿区的空间资源、产权归属、转型现状等基本情况，出台有关扶持政策，鼓励充分利用采煤沉陷区、工业场地、排土场、巷道等地上地下空间资源及配套设施，有规模有效益地发展风能、太阳能、生物质能、地热能、氢能等新能源，因地制宜发展抽水蓄能、压缩空气储能，发挥退出矿区在新能源发展中的积极作用。探索煤炭转化与绿氢、绿氧、绿电耦合利用，降低单位产品煤耗和碳排放，提高综合利用效能，拓展碳减排多元路径。

第九讲　提升油气供应保障能力

> 石油既是重要能源也是重要化工原料,被称为"工业的血液"。随着国民经济持续发展和人民生活水平的不断提高,石油需求一定时期内仍将稳定发展。天然气是优质、高效、清洁的低碳能源,可与新能源形成良性互补,是我国能源绿色低碳转型的重要支撑。"十四五"时期是我国开启全面建设社会主义现代化国家新征程、向第二个百年奋斗目标进军的第一个五年,石油天然气行业将以习近平新时代中国特色社会主义思想为指导,深入贯彻党的十九大和十九届历次全会精神,立足新发展阶段、贯彻新发展理念、构建新发展格局,锚定碳达峰、碳中和目标,遵循"四个革命、一个合作"能源安全新战略,满足人民美好生活对清洁能源的需求。

一、油气行业发展的形势与目标

我国石油天然气消费稳步增长,2020年石油表观消费量6.7亿吨,占一次能源消费比重18.9%,较2015年增加0.6个百分点。2020年天然气消费量3 280亿立方米,占一次能源消费比重8.4%,较2015年增加2.5个百分点。

（一）行业发展成效显著

增储上产态势良好。"十三五"期间，我国在鄂尔多斯等地发现了一批大型油气田，油气勘探方面取得重要成果，石油天然气储量、产量都有一定增长，增储上产态势良好。

基础设施布局日益完善。近年来，我国石油天然气基础设施体系加快建设，油气主干管网与区域管网建设稳步推进，油气管网规模进一步扩大。地下储气库建设加快推进，LNG接收站布局逐步完善，干线管道、互联互通工程、省内支线及终端供气管道均加快推进，资源保障能力进一步增强。

进口和境外合作体系持续夯实。中缅原油管道等重大项目建成投产。我国成为全球最大的原油和天然气进口国，进口来源已覆盖世界主要油气出口国。境外油气合作不断深化拓展，境外合作持续夯实。

（二）面临的机遇和挑战

经济社会发展对油气需求仍将增加。"十四五"时期，我国石油消费仍将适度增长，其中交通用油消费增速下降、化工原料用油消费稳步增长。天然气依然是我国能源消费增量的重要部分，在工业、发电、城镇燃气等领域消费将持续增长，新型城镇化为行业发展提供了稳定空间。

石油天然气行业高质量发展内部挑战增多。我国主力油田进入高含水、高采出双高阶段，勘探开发对象日趋复杂，新增油气储量劣质化趋势明显，稳产增产难度较大。生态文明建设对油气增储上产、基础设施建设的用地用海提出更高要求。天然气基础设施尚不完善，管网及储气设施等需长期持续投入。天然气局部地区、局部时段尖峰负荷压力较大，需求侧管理等需进一步加强。

"十四五"期间，石油天然气领域将进一步提高供应能力，加大天然气基础设施建设，推动天然气市场稳步发展。

二、切实提升油气供应保障能力

（一）大力提升油气勘探开发力度

坚持"稳油增气、常非并举、海陆并重"工作方针，确保石油产量长期稳产，天然气产量继续快速增长，增强国内产量对油气供应安全的"压舱石"作用。

全力推进储量动用，保障持续稳产增产。抓好已开发油田"控递减"和"提高采收率"，在鄂尔多斯盆地、准噶尔盆地、海上等实施一批油田产能建设项目。天然气开发稳产、上产，在鄂尔多斯、四川、塔里木盆地、海域等实施一批上产项目，保障持续稳产增产。

切实加大勘探力度，夯实资源接续基础。石油勘探要强化东部老区精细勘探，加大中西部和海域的集中勘探。天然气勘探以四川、鄂尔多斯、塔里木盆地和海域等为重点，加大新区带、新层系和非常规勘探，深化老区滚动勘探。强化资源战略接替。

（二）加快油气基础设施建设

要加快天然气管网建设，完善原油成品油管网布局，以地下储气库和沿海 LNG 储罐为重点提升储气能力。

完善原油成品油管网建设。统筹原油、成品油管网布局，构建炼化基地布局合理，原油供应分区保障有力，成品油管道就近供应、跨区互联，站库线设施配套的现代石油管输体系。

加快跨区天然气长输管道建设。建设西气东输三线中段、西气东输四线、川气东送二线等。沿海 LNG 接收站储运体系配套不断完善，全部实现与国家干线管网互联互通。

强化重点和薄弱地区天然气管网建设。加快基础设施薄弱地区天然气管网建设。支持偏远地区因地制宜利用撬装站、LNG 罐箱多式联运等非管道方式供应天然气。

加快地下储气库建设。以华北、东北、西南、西北等为区域中心，打造数个百亿立方米级地下储气库群。加强盐穴储气库选址研究，同时开展海上储气库项目研究论证。

完善 LNG 储运体系。按照集约布局、有序推进原则，完善环渤海、长三角及华南地区 LNG 储运体系。大力加强 LNG 接收站站线同步规划、同步投产，确保 LNG 接收站与国家干线管网联通。

三、强化科技创新与绿色发展

（一）强化科技创新驱动

推动国家重大科技项目实施，优化科技管理运行机制，构建以市场导向为主的油气技术创新体系，全面提高油气生产水平和行业竞争力。

加强理论、技术和装备创新。加强陆上深层油气成藏地质理论研究，突破井下高温高压随钻测控、旋转导向钻井等核心技术装备，加快纳米材料压裂技术研发，增强稠油热采能力，加强水下生产系统及深水半潜式生产平台等装备研发。

强化油气基础设施科技创新。进一步提高天然气长输管线压缩机组和LNG产业链关键装备等技术水平，强化油气基础设施科技创新。研发超大容积LNG储罐技术。

提高行业数字化、智能化水平。推动智能油气田建设，逐步实现"实时监控、智能诊断、自动处置、智能优化"的油田业务新模式。

加强管道信息化、智能化、标准化体系建设。加快智能管道建设，新建管道施工时同步做好数据采集工作，建立数字化档案，新建干线管道原则上实现全数字化移交，加快在役管道数字化改造工作。管道企业要积极建立油气管道保护综合管理信息系统，推动管道信息查询、巡线监管、风险管控、隐患治理、行政执法、统计分析等工作数字化和智能化。尽快健全企业标准体系，推动完善行业标准。

（二）推动油气行业绿色低碳发展

坚持节约利用石油，实现石油占一次能源消费比重基本持平，发挥天然气在能源转型中的积极作用。大力推进油气绿色生产输送，着力打造"绿色油田"、"绿色管网"。大力推动陆上和海上油气田配套建设新能源发电系统，促进油气田和钻完井等生产用能清洁替代。推进油气田加热炉等设备实施"煤改气"、"煤改电"。努力提高原油天然气商品率，加强油田伴生气回收利用，抓好稠油热采清洁提效。加强油气开发过程中的余能利用，鼓励和支持油气伴生资源的勘探开发与综合利用。提高管输效率，降低管输能耗，加强管道余热、余压、LNG冷能等余能综合利用。

推进能源转型背景下油气产业绿色发展新模式和新技术。推广应用二氧化碳驱油技术，推动大型二氧化碳捕集利用与封存（CCUS）国家百万吨级试点示范项目建设。探索氢能与天然气融合发展新模式。推动天然气发电与新能源融合发展，鼓励发展天然气分布式能源，鼓励现有天然气发电项目开展风光气水综合利用。

第十讲　强化电力安全保障

安全是发展的前提，发展是安全的保障。以习近平同志为核心的党中央高度重视统筹发展和安全，党的十九届五中全会围绕统筹发展和安全提出明确要求、作出具体部署，对在当前复杂环境下更好推进新时代能源高质量发展具有重大指导意义。落实党中央决策部署，坚持统筹电力发展和安全，强化电力安全保障，确保电力系统安全稳定运行，是当前全国电力行业的重大政治任务。

一、"十三五"我国电力安全发展取得突出成就

电力是重要基础产业，电力安全关系人民生命财产安全，关系国计民生和经济发展全局，是电力行业健康发展的重要保障。"十三五"时期，在"四个革命、一个合作"能源安全新战略的指引下，我国电力行业逐步形成了"安全是技术、安全是管理、安全是文化、安全是责任"的"四个安全"治理理念并有力指导了实践，安全保障能力持续增强，电力安全发展取得突出成就。

电力安全保障能力稳步增强。"十三五"以来，我国加快调整能源结构、减少煤炭消费、稳定油气供应、大幅增加清洁能源比重，基本形成煤、油、气、电、核、新能源和可再生能源多轮驱动

的能源供应体系。到"十三五"末煤炭消费占能源消费总量比重历史性降至56.8%，非化石能源消费比重增长到15.9%，能源消费结构向清洁低碳加快转变。能源安全自主保障能力始终保持在80%以上，水电、风电、光伏、在建核电装机规模等多项指标保持世界第一，有力保障了经济社会发展和民生用能需求。

电网结构安全性进一步加强。"十三五"期间，我国大电网格局不断优化，资源配置能力持续增强。区域主网架结构不断完善升级，区域内省间电网互济能力进一步加强。形成以"三级标准"和"三道防线"为核心的大电网安全综合防御体系，保障了常规状态下电力系统安全稳定运行。规划建设了一批"结构清晰、局部坚韧、快速恢复"的坚强局部电网，极端状态下重点地区、重点部位、重要用户的电力供应保障能力有效提升。

电力安全生产水平显著提高。"十三五"期间，电力行业逐步形成"四个安全"治理理念，人身安全防护、设备防误操作等安全技术不断创新，安全生产标准化等管理体系逐步完善，"和谐守规"的电力安全文化基本形成，行业监管和属地安全管理责任逐步落实，齐抓共管工作格局初步形成，生产安全事故防范能力有效提升。

网络安全防护体系持续完善。"十三五"期间，电力行业网络安全态势感知水平不断提升，各类系统、设备的网络安全态势实时监测初步实现。网络安全基础防护能力日趋完善，电力监控系统多维栅格状安全防御体系基本建成。自主可控和技术创新初见成效，国产计算机等基础软硬件应用率不断提高。网络安全人才队伍和文化建设不断进步，全行业网络安全意识不断提高。

电力应急体系和应急能力不断强化。"十三五"期间，初步形成国家指导协调、地方政府属地指挥、企业具体负责、社会各界广泛参与的电力应急管理体制，应急预案体系持续完善，应急指挥协调联动机制不断强化，应急保障、预防预警、救援处置能力有效提升。定期开展跨区、跨省大面积停电事件应急演练，指导电力企业建立电力应急专业抢修队伍、应急指挥中心、应急物资储备体系和应急通信系统。成功应对处置金沙江堰塞湖等重大险情和台风、洪涝等自然灾害，圆满完成各项重大活动保电任务。

电力建设施工安全管理水平持续提升。"十三五"期间，电力建设企业安全生产主体责任全面落实，施工现场安全管理水平不断提升。"智慧工地"得到推广，施工安全和质量监督信息平台在全行业应用，电力施工安全监管和工程质量监督效率持续提高，电力建设人身伤亡事故及人数显著下降。

总体上看，"十三五"以来我国电力安全进入持续强化期，电力安全管理能力稳步提升，为服务经济社会高质量发展和全面建成小康社会提供了重要保障。

二、深刻认识我国电力安全形势

"十四五"时期，我国能源消费增长迅猛，能源发展进入新阶段，在保供压力明显增大的情形下，电力安全发展的一些深层次矛盾凸显，风险隐患增多。

电力供需平衡压力增大。受人民生活水平改善、工业生产及外贸增长大幅拉动、经济和社会活动大规模恢复等因素影响，预计"十四五"期间，全国用电增长将维持在5%左右的中高速区间，2025年全社会用电量将达到9.5万亿～9.8万亿千瓦时。在碳达峰、碳中和目标下，火电新增装机规模相对放缓，叠加全社会用电刚性增长，局部时段性电力供应不足及错峰限电风险将大幅增加。

电力系统安全运行风险显著加大。电网规模持续扩大，系统结构愈加复杂，交直流混联大电网与微电网等新型网架结构深度耦合，"双高"、"双峰"特征凸显，灵活调节能力不足，系统性风险始终存在。电力设备规模大幅增长，输电通道日益密集，储能等新业态蓬勃发展，设施设备运维管控风险骤增。

网络与信息安全风险持续升高。新能源、分布式电源大量接入电网，源网荷储能量交互新形式不断涌现，电力行业网络与信息系统安全边界向末端延伸。电力大数据获取、存储、处理使数据篡改和泄漏的可能性增加，云计算、物联网、移动互联技术在电力系统深度应用，电力行业网络安全暴露面持续扩大。

电力建设施工安全风险集中凸显。"十四五"是碳达峰的关键期和窗口期，新能源及配套送出项目密集建设，电力工程作业面和风险点快速扩大，建设资源进一步摊薄，建设、监理等施工力量不足的矛盾将进一步加剧，安全主体责任落实及施工作业现场安全管控难度加大。水电资源开发、抽水蓄能电站建设进入新阶段，各类风险防范和建设管理任务艰巨。

重大突发事件应对能力不足。近年来，我国遭受的自然灾害突发性强、破坏性大，监测预警难度提高，部分重要密集输电通道、枢纽变电站、大型发电厂因灾受损风险升高。部分城市防范电力突发事件应急处置能力不足，效率不高。流域梯级水电站、新能源厂站综合应急能力存在短板，威胁电力系统安全稳定运行和电力可靠供应。

"十四五"是全国各行业大力实施碳达峰、碳中和战略目标的关键时期，也是电力体制改革继续深化、电力科技快速发展的重要时期，对于企业发展转型、安全新技术应用、电力市场化交易体系建设等方面可能给电力安全生产带来的风险因素，需要及时做出分析预判，也需要予以积极应对。

三、"十四五"保障电力安全主要举措

"十四五"时期，综合未来一段时期我国能源电力系统面临的主要风险挑战，亟需聚焦当前面临的关键问题，以习近平新时代中国特色社会主义思想为指导，深入贯彻落实总体国家安全观和能源安全新战略，统筹发展与安全，以"四个安全"治理理念为引领，准确把握电力发展新阶段新特征新要求，提高依法治理水平，夯实安全管理基础，加强安全文化建设，构建电力安全治理长效机制。不断强化电力供应安全保障能力，持续提高电力系统运行安全水平，着力完善电力应急体系，提升电力应急能力和网

络安全防护水平，持续增强极端情形下风险应对能力，确保电力安全和高质量发展。

（一）推动电力安全治理能力现代化

"十四五"时期要以"四个安全"治理理念为引领，准确把握电力发展新阶段新特征新要求，提高依法治理水平，夯实安全管理基础，加强安全文化建设，构建电力安全治理长效机制。

提高依法治理水平。学习贯彻习近平总书记关于安全生产重要论述，贯彻落实党中央、国务院关于安全生产的重大决策部署，加强对电力行业安全生产的监管。研究跟进碳达峰、碳中和战略发展路径，及时制定和调整电力安全生产指导政策，构建网格化的法规规章体系，持续完善电力安全生产政策法规体系。围绕治理体系核心要素，整合现有安全评价体系，推进电力安全生产监督管理从定性向定量转变，构建科学量化的评价指标体系。建立以安全信用为核心的新型监管机制，充分发挥"信用能源"等平台的安全信息公示监督作用，推进电力安全监管效能提升。

夯实安全管理基础。充分发挥国家和行业智库作用，加强电力安全生产管理理论和应用研究。坚持抓好安全例会、安全检查、"两票"管理等基础工作，加快根治违章指挥、违章作业、违反劳动纪律的行为。全面加强风险分级管控与隐患排查治理双重预防机制建设，继续完善电力行业风险管控长效机制。深入贯彻国家关于安全生产标准化工作要求，深化电力安全生产标准化建设。全面强化外委工程、外协人员管理，将"两外"人员纳入本单位安全管理体系。创新安全责任落实方式和手段，推进建立电力企业安全履职情况第三方评估考核制度，试点开展以电力安全生产责任落实为核心的电力安全审计。健全电力安全现场检查、行政处罚、事故查处、责任追究等制度，完善电力事故事件责任追究制度，持续完善安全生产执法监督和考核机制。

加强安全文化建设。贯彻落实《电力安全文化建设指导意见》，完善电力企业安全文化建设基本规范，强化电力企业管理层的安全文化引领作用，大力开展电力安全科普基地建设和科普宣传工作，持续加强"和谐守规"安全文化建设。加强对电力行业安全教育培训工作指导，督促电力企业建立分层分类的安全生产培训管理标准，规范电力从业人员职业技能取证培训和技能鉴定管理，持续完善电力安全生产教育培训体系。研究电力安全文化评估方法，确定电力安全文化建设评估指标，试点开展电力企业班组安全文化建设成效评估，着力构建电力安全文化建设评估体系。

（二）保障能源体系安全平稳转型

"十四五"时期要立足能源转型发展要求，统筹考虑新型电力系统构建、中长期电力电量平衡、民生和重点领域用电等各方面需要，加强运行安全管理，确保电力系统安全稳定运行和电力可靠供应。

强化电力供应安全保障。建立电力企业与燃料供应企业、管网企业的信息共享与应急联动机制，完善一次能源储备预警机制。加强发电机组非计划停运和出力受阻监测管理。提升电网灵活安全调节能力，推进火电灵活性改造，推动应急备用和调峰电源建设。加强电网调度安全管理，进一步强化跨省跨区安全调剂余缺能力。在电力紧缺时段优先抑制高耗能高排放项目不合理用电需求，做实做细有序用电方案，建立完善轮停轮休及错避峰机制，切实保障民生用电。

加强发电运行安全管理。加强能源转型背景下火电机组新运行特征研究，完善安全风险管控措施。制定新型高参数大容量火电机组运行规程规范，强化老旧机组改造安全风险分析，加强燃机安全运行状态深度分析，构建设备运行状况评估及寿命预估体系。研究制定综合智慧能源利用项目安全管理指导政策，出台一批强制性安全标准。加强核电保安电源管理，加强核电冷源安全风险防范。推动北斗系统、智能大坝等新技术研发并推广应用，促进水电站大坝安全管理新技术应用。

强化电网运行安全管理。推动优化电力系统结构布局，有效控制并逐步化解电力系统重大结构性风险，强化分层分区运行能力。加强电力设施保护，常态化开展枢纽变电站、重要换流站、主干电网和重要输电通道动态风险评估，优化电力设施运行环境，提升防外力破坏监测能力。加强涉网安全管理，做深做细做实年度运行方式分析机制，完善常态化电网安全风险管控工作机制。

（三）提升电力应急处置能力

"十四五"时期要着重强化电力应急演练，加强电力应急能力建设，推进电力应急资源库共建共享，加强电力应急协同处置机制建设，着力建立快速响应、运转高效的电力应急保障体系。

强化电力应急预案体系和应急演练。修订电力企业应急预案编制导则,完成企业应急预案修编和预案体系完善工作。制订年度大面积停电应急预案编制和演练计划,推进开展县级以上地方各级政府大面积停电事件应急预案编修和演练。建设各类专项预案、现场处置方案、典型事故、自然灾害事件应急演练示范库,开展电力重特大事故和自然灾害事件情景构建,提升应急演练水平。

加强电力应急能力建设。完善电力企业应急能力建设评估工作长效机制,定期规范开展评估工作,滚动提升电力企业应急能力。针对重大事件的不确定性影响,开展复杂性叠加性情景构建,以保障人身安全和基本生产秩序为出发点,提高电力企业综合应急能力。开展以新型储能技术为支撑的局部电网黑启动专项研究,提高极端状况下电网应急处置能力。

推进电力应急资源共建共享。完善国家和地方电力应急专家库,制定专家入库出库管理规则,保持一批专业精干的专家队伍,为电力应急日常管理和突发事件处置提供技术支撑。继续推进国家级电力应急救援基地建设,打造电力应急救援新技术装备试点应用和应急救援队伍专业培训平台。建设2~3个标准化应急演练场所,推进利用互联网开展应急演练。建设电力行业应急资源信息共享平台,盘活闲置应急资源,实现应急物资的共享应用。

加强电力应急协同处置机制建设。建设电力行业应急指挥系统平台,全面提升电力突发事件综合指挥和协调处置能力。提高地方政府大面积停电事件应急处置能力,健全跨地区应急救援资源共享及联合处置机制，开展跨省和跨区域的联合应急演练。推进大面积停电事件应急能力示范县（市）建设，提升基层应对能力。继续推进应急产业发展，在技术转化、产品研发和应对机制方面加大军民融合力度，提高联合应对重大电力突发事件能力。

（四）强化电力系统网络安全防护

"十四五"时期要全面考虑安全防护体系、安全防护技术、网络安全监管、网络攻防演练等各方面短板，着重提升电力系统网络安全管控水平。

完善网络安全防护体系。构建与能源互联网相适应的新一代网络安全防护体系，完善制度标准体系，加强数据安全保护。针对新能源场站、用户侧智能终端等新型业务场景以及无线接入需求，加快新型网络安全防护技术攻关和成果应用。加快落实等级保护和关键信息基础设施保护相关制度、标准，完善电力系统结构安全、本体安全和基础设施安全。

加快网络安全技术创新应用。提升电力网络攻击识别和防御能力，加快建设电力行业网络安全仿真验证环境、电力信息系统密码基础设施和北斗时空基础设施。加快推进关键设备及核心零部件的国产化替代和前沿技术研究及创新应用。建设网络安全态势感知和监测预警平台，建立行业网络安全风险报告机制、情报共享机制、研判处置机制。

提升网络安全监管力度。加强系统、终端、协议等关键对象的漏洞隐患排查，全面监控电力监控系统计算机、网络设备、安防设施等网络安全行为，实现电力监控系统的分时监控和闭环管理。强化电力系统资产、威胁、脆弱性识别与评估，建立常态化电力监控系统安全风险评估机制。

（五）增强极端情况下电力系统安全防御能力

"十四五"时期针对我国电力系统面临的严重自然灾害等非常规风险，应从电网运行方式调整、重点高风险区域防护等方面考虑，不断提升电力系统安全防御能力。

在规划环节加强安全风险管控。充分考虑能源转型背景下能源结构尤其是新能源发电特性，在"十四五"期间规划建设充足的具有托底保供和应急调峰作用的常规机组，推进煤电机组灵活性改造、抽水蓄能等系统调节电源建设。科学推进跨省跨区输电通道建设，进一步强化能源资源配置能力，避免输电通道过于密集。加强城市本地电源支撑，督促重要用户严格落实自备应急电源，提升极端状态下电力保障能力。

提升极端情况下电网安全运行水平。加强跨部门合作，提升电力系统应对自然灾害的监测预警能力。开展严重自然灾害条件下电力系统故障仿真与运行控制研究，优化严重自然灾害等极端情况下电网运行方式，提升电网弹性恢复能力。加强极端情况下电力系统运行风险评估和安全防御技术研究，加强非常规事件下电力应急保障体系建设。

加强重点高风险区域安全防护。加强重要枢纽变电站和换流站、大型能源基地、密集输电通道等电网重要环节的风险管控及运行维护。对大型水电站、核电站等关键目标进行重点识别，对高溃坝风险水电站、核电站等重点部分进行风险排查，并加强运行维护。健全流域梯级水电站风险管控体制机制，开展流域水电站安全风险评价及应急能力评估，持续强化流域梯级水电站风险管控。

第十一讲　深化能源体制机制改革

体制改革是能源革命的重要内容，是促进能源高质量发展的重要保障。党的十八大以来，能源体制机制改革在重点领域和关键环节取得积极进展。进入新发展阶段，为推进落实碳达峰、碳中和目标，深入实施能源安全新战略，必须进一步深化能源体制改革，充分激发市场主体活力，更好发挥政府作用，推动能源改革与发展深度融合，为构建清洁低碳、安全高效的能源体系提供制度保障。

一、能源体制机制改革面临的形势

近年来，我国能源领域市场化水平逐步提升，营商环境不断优化，市场活力明显增强，市场主体和人民群众办事创业更加便利。能源领域外资市场准入进一步放宽，民间投资持续壮大，投资主体更加多元。发用电计划有序放开、交易机构独立规范运行、电力市场建设深入推进。加快推进油气勘查开采市场放开与矿业权流转、管网运营机制改革、原油进口动态管理等改革，完善油气交易中心建设。能源价格市场化持续推进，竞争性环节价格进一步放开，电力、油气网络环节科学定价制度初步建立。能源改革和法治建设协同推进，能源法律体系不断完善。覆盖战略、规划、政策、标准、监管、服务的能源治理机制基本形成。

但同时，我国能源体制机制改革还面临一些困难和挑战，主要表现在：有效竞争的能源市场结构和能源市场体系有待健全，市场配置能源资源的决定性作用尚未充分发挥，政府和市场的关系有待进一步理顺，能源绿色低碳发展和协同互济机制有待健全，能源治理能力有待进一步提升等。同时，碳达峰、碳中和目标对能源低碳转型和高质量发展提出了新要求，需要对"十四五"时期能源改革作出系统谋划，纵深推进能源体制机制改革工作。

二、"十四五"能源体制机制改革的总体思路

（一）总体要求

"十四五"能源体制机制改革的总体要求是：以习近平新时代中国特色社会主义思想为指导，全面贯彻党的十九大和十九届历次全会精神，锚定碳达峰、碳中和目标，深入落实能源安全新战略，坚持系统观念，统筹好能源发展和安全，优化能源市场结构，健全能源市场体系，完善主要由市场决定能源价格的机制，激发市场主体活力，提升能源治理效能，促进多能协同互济、供需高效互动，推动能源改革与发展深度融合，为能源绿色低碳转型和高质量发展提供制度保障。

（二）基本原则

——立足当前、着眼长远。立足新发展阶段能源发展现状，着眼能源革命总体要求和中长期应对气候变化及能源发展目标，聚焦

体制机制关键问题，落实能源领域改革决策部署。

——健全市场、完善治理。坚持市场化方向，围绕还原能源商品属性，培育多元市场主体，充分发挥市场在资源配置中的决定性作用。加强监管、改善服务、健全法治，优化行业管理，推动有效市场和有为政府更好结合。

——推动转型、协同发展。完整、准确、全面贯彻新发展理念，顺应能源绿色低碳发展趋势，以构建清洁低碳、安全高效的能源体系为目标，建立健全多能源品种协同互济、源网荷储集成优化、行业开放共享的体制机制。

——统筹推进、重点突破。紧扣服务新发展格局，加强改革举措系统集成和协同高效，拓展改革广度和深度。聚焦重点问题，在能源重点领域关键环节上务求改革突破，以点带面，发挥改革牵引作用，激发发展活力。

（三）主要目标

——能源市场结构更加健全。有效竞争的市场结构持续优化，能源行业竞争性业务进一步放开，能源基础设施实现公平无歧视开放，竞争主体更加多元，准入机制不断完善，市场化程度显著提升。

——能源市场体系更加完善。现代能源市场体系进一步健全，主要由市场决定能源价格的机制更加完善。能源领域政府与市场作用边界更加清晰，竞争性环节市场机制逐步完善，资源配置效率明显提升。能源市场壁垒逐步减少，区域衔接更加紧密。

——能源治理效能进一步提升。能源行业管理模式进一步优化，能源监管水平进一步提升，能源法治体系更加完善，能源标准体系进一步完善，能源治理机制更加健全。

——不同能源品种更加协同发展。能源清洁低碳发展、多能源品种协同互济、行业开放共享的体制机制更加健全，新技术、新模式、新业态加快发展。

三、"十四五"能源体制机制改革的重点任务

（一）创新能源绿色生产和消费机制

进一步强化政策协同，健全能源绿色低碳开发建设和市场化发展机制，引导全社会消费清洁低碳能源，促进多能源品种协同互济。

完善能源绿色低碳开发建设机制。加快推进以沙漠、戈壁、荒漠地区为重点的大型风电、光伏发电基地建设，建立协同开发机制，统筹开发主体，推动提前落实消纳空间，鼓励投资主体与电力消纳主体签订长期购售电协议，研究建立有利于新能源汇集、调度、交易、结算的体制机制。探索建立送受两端为新能源调节的机制，探索建立新能源基地与支持其运行的调节电源和储能的补偿机制，推动在更大范围配置调节性资源，支持新能源能建尽建、能并尽并、能发尽发。建立完善多能互补项目一体化规划、一体化审批（或备案）、一体化建设流程，统筹多能互补项目与输电通道建设时序。有序推进以竞争性配置等市场化方式确定新建新能源项目投资

主体。研究探索新型储能项目合理配置机制，以及吸引社会资本参与新型储能设施投资的方式和商业模式。统筹流域水电开发主体。鼓励抽水蓄能电站投资主体多元化。

创新可再生能源市场化发展机制。健全保障新能源发电合理收益、稳定投资预期的政策机制，完善交易机制，扩大可再生能源市场化交易比重。鼓励新能源发电主体与电力用户或售电公司等电力消纳责任主体签订长期购售电协议。完善分布式发电市场化交易机制，鼓励分布式光伏、分散式风电等主体与周边用户交易，完善支持分布式发电市场化交易的价格政策。建立适应可再生能源微电网、存量小电网、增量配电网与大电网开展交易的体制机制。推进绿色电力交易试点工作，为市场主体提供功能健全、友好易用的绿色电力交易服务。

建立健全能源节约、能效提升和能源绿色消费促进机制。坚持节能优先方针，健全节能目标责任制度，推动重点领域节能。完善电力需求侧响应机制和合理反映供电成本和供需情况的目录电价机制，培育规模化的需求侧响应资源聚合商，促进电力负荷与电源高效互动，发挥削峰填谷作用，引导节约合理用电。坚持和完善能源消费总量和强度"双控"制度。发挥"能效"第一能源作用，健全能效"领跑者"制度，推动终端用能产品、高耗能行业等提升能效水平。推动将需求侧可调节资源纳入常态化调度管理。研究建立统一的非化石能源认证追踪机制，健全非化石能源认证标识和可追溯体系。创新交易模式，引导全社会优先消费非化石能源。

完善多能源品种协同互济发展机制。建立适应区域协调发展战略的区域能源规划体系,加强不同层级规划协同,推进多能源品种协同规划。完善煤炭、天然气、电力等市场和政策衔接机制,畅通上下游价格信号传导。推动电力、天然气等信息共享和协同调度。推进电力源网荷储一体化和多能互补发展,建立源网荷储协同运行机制,完善园区等综合能源运行机制。进一步改革完善石油、煤炭储备制度,健全天然气应急调峰机制,完善电力等能源监测预警与应急调控机制。完善大型能源基地管理机制,加强国家层面对国家级能源基地及跨省跨区能源基础设施规划、设计、投资、建设、生产、运营等环节的管理。推动强化地方协调煤炭、电力等能源的保障供应责任。完善能源普遍服务与保底服务实施机制。

（二）深化电力体制改革

进一步放开发用电计划和配售电业务,完善电价形成机制和电力调度交易机制,加快建设全国统一电力市场体系,推动构建新型电力系统,促进电力低碳转型和高质量发展。

完善电力价格形成机制。进一步完善输配电价制度,加快理顺输配电价结构。完善增量配电网配电价格机制,研究推进分电压等级核定省网容（需）量电费。平稳推进销售电价改革,有序推动经营性电力用户进入电力市场,完善居民阶梯电价制度。有效落实深化燃煤发电上网电价市场化改革相关要求,持续深化气电、水电、核电等上网电价市场化改革,完善风电、光伏发电价格形成机制,落实好抽水蓄能价格机制。建立新型储能价格机制。完善价格政策和市场（补偿）机制，引导煤电企业以更大力度全面实施煤电机组改造升级。针对高耗能、高排放项目，完善差别电价、阶梯电价等绿色电价政策，强化与产业和节能环保政策的协同。结合电价改革进程，逐步解决电价交叉补贴问题。

统筹推进电力市场建设。有序放开发用电计划。建立完善优先发电电源参与市场交易的合理机制。建立完善安全保供支撑电源管理机制。推动储能设施、虚拟电厂、需求侧资源等参与电能量和辅助服务交易。支持所有制造业企业参与电力市场化交易。持续深化电力中长期市场建设。进一步规范和完善中长期交易机制，健全跨省跨区中长期交易机制。强化调度和交易机构责任，提高中长期合同签约履约质量，发挥中长期交易"压舱石"作用。稳妥推进电力现货市场建设。推动具备条件的现货试点地区开展长周期运行，促进形成灵活反映电力供需状况和发电成本的现货价格。推动用电侧全面有效参与现货交易。建立市场化交易与优先发购电制度相互衔接的机制。加强现货市场监测和监管。不断深化电力辅助服务市场建设。探索建立跨省跨区备用、调频等辅助服务市场机制，推动送受两端辅助服务资源共享。建立用户参与的辅助服务分担共享机制。建立源网荷储一体化和多能互补协调运营和利益共享机制。推动在具备条件的地区探索建立容量市场机制。加快全国统一电力市场体系建设，健全多层次统一电力市场体系，完善统一电力市场体系的功能，健全统一电力市场体系的交易机制，构建适应新型电力系统的市场机制。推动中长期交易、现货交易和辅助服务交易有机衔接。

完善电力调度交易机制。推动实现电力交易机构独立规范运行，推动交易机构业务衔接和融合发展。推动优化电力市场运营机构组织架构。完善调度交易机构在交易组织实施等方面的职责分工和工作协同。推动以计划为主调度模式向市场化调度模式转变。研究跨省跨区输电容量市场化分配机制。完善适应新能源发电特点的调度机制。研究完善适应微电网、存量小电网、增量配电网、新型储能、虚拟电厂等灵活高效运行的调度机制，发挥配电网在供需互动中的枢纽作用。提高调度规范性和透明度。强化市场运营机构运营监控和风险防范责任。

深化配售电改革。加快形成推进增量配电业务放开常态化机制。按照权责对等原则，推动落实增量配电企业电网企业地位，保障增量配电网购电权利。鼓励存量供电企业探索公司制、混合所有制等改革，激发企业活力。规范转供电环节，探索推动具备条件的转供电主体成为增量配电企业。理顺购售电电费结算关系。鼓励售电主体创新商业模式，提供增值服务和多样化服务。规范售电市场秩序，加强市场主体培训，完善售电主体注册与退出机制。

推进电网企业竞争性业务改革。推动落实电网企业功能定位，进一步深化主辅分离、厂网分离。推进电网企业装备制造业分离，推进电网企业有序放开勘测设计和电力施工业务。研究建立规范电网企业参与储能、电动汽车、综合能源服务、分布式发电、电力数字经济、云平台等新兴竞争性业务的监督管理机制。加强对电网企业在并网、调度、交易、结算环节的监管，保障分布式电源和储能等主体的合法权益。

加强和规范燃煤自备电厂监督管理。除有明确政策规定的国家重大项目外，严禁新（扩）建燃煤自备电厂，严禁将公用电厂转为自备电厂，鼓励优先采用多能互补方式满足用能需求。推动燃煤自备机组公平承担社会责任。鼓励燃煤自备电厂在符合条件、公平履行义务的前提下转为公用电厂。鼓励燃煤自备电厂比重大的地区结合实际，探索推动燃煤自备电厂低碳转型的有效路径，推动可再生能源替代燃煤自备电厂发电。加强对燃煤自备电厂诚信守法运营的监管。

（三）深化油气体制改革

完善油气勘查开采、管网运营、油气价格等机制，推动形成上游油气资源多主体多渠道供应、中间统一管网高效集输、下游销售市场充分竞争的"X+1+X"油气市场体系，提高资源配置效率，保障油气安全稳定供应。

（四）深化煤炭体制改革

深化煤炭供给侧结构性改革，建立现代化多层次煤炭市场体系，推动煤炭行业高质量发展。

持续深化煤炭供给侧结构性改革。坚持并完善煤炭产能置换长效机制，结合碳达峰、碳中和要求和煤炭市场供需形势，适时调整完善产能置换政策。按照产能置换原则，加大煤矿"上大压小"、"增优汰劣"力度，有序发展先进产能，加快淘汰落后产能，增强煤炭供给质量和弹性。通过完善发电权交易机制、健全电力辅助服务市场、探索建立容量机制等措施，推动煤电企业由主要依靠发电量盈利逐步向提供调节性、支撑性服务盈利转变。

健全现代煤炭市场体系。健全煤炭市场规则和服务体系，加快现代煤炭市场体系建设。完善中长期合同制度和"基础价＋浮动价"价格机制，加强合同履行事中事后监管。规范和健全煤炭价格指数体系。建立煤炭生产、加工、运输、储存和消费信息共享机制。建立健全煤炭运输协调机制，强化重点区域协同保供保运机制。

（五）完善能源治理机制

健全能源法律体系，深化能源领域"放管服"改革，激发市场主体活力，促进各类市场主体公平竞争。

健全能源法律体系。结合能源体制改革形势，推进能源法、电力法、煤炭法、石油储备条例等法律法规的制修订。推动将能源绿色低碳发展理念、能源市场体系建设等纳入能源领域法律体系。

创新能源科学管理和服务。推进能源领域简政放权，持续放宽准入限制，持续强化对能源领域取消下放事项的事中事后监管。完善能源战略规划体系，优化规划编制实施机制，统筹能源清洁低碳、安全、高效。加快完善能源绿色低碳相关标准体系。

完善能源监管体系。健全能源行业自然垄断环节监管机制，深入推进自然垄断环节监管体制改革，加强规划落实、公平开放、运行调度、服务价格、社会责任监管。加强电力市场秩序、电力安全等方面监管。全面实施"双随机、一公开"和"四不两直"监管，深入推进"互联网+"监管。研究构建以信用为基础的新型监管机制。包容审慎监管能源新模式新业态，鼓励地方探索监管沙盒，推动促进新模式新业态发展的相关政策机制创新。创新能源监管手段，加强监管能力建设。

完善能源技术创新和管理机制。健全企业为主、市场导向、产学研相结合的绿色低碳能源技术创新体系。推动在能源技术攻关和综合供能方案比选等方面实行"揭榜挂帅"制度。推动完善知识产权保护制度，引导国有能源企业强化原始创新。以配电网为核心，推动电力供需互动、产消衔接，促进能源产业数字化智慧化转型。

培育壮大多元化能源市场主体。支持化石能源企业发展新能源等业务。鼓励电、气、热、冷一体化，培育综合能源服务商等新兴市场主体。完善支持电动汽车等向能源产消主体发展、售电公司向负荷集成商发展的机制，研究探索有利于大型数据中心余热回收利用的机制。积极稳妥推进能源领域国有企业混合所有制改革。进一步放开能源领域节能环保竞争性业务。

推动能源领域制度型开放。完善能源领域国际合作机制，落实外商投资负面清单，推动放宽能源领域市场准入。创新能源国际合作模式，加强对企业风险提示与合作的指引。发挥自贸区政策制度优势，推动能源贸易、能源金融、项目建设等国际合作机制创新。推动以贸易合作为主向能源装备、技术、服务等更高层次合作转变。加强能源领域国际标准和规则对接与塑造，积极主动参与能源领域国际标准化工作。加强绿色电力认证国际合作。

第十二讲　加强和规范能源监管

当前,中国特色社会主义进入新时代,能源行业正在发生深刻变革。特别是随着能源领域"放管服"改革和市场化改革的深入推进,对能源监管提出了许多新任务、新要求和新挑战,迫切需要我们深入贯彻落实"四个革命、一个合作"能源安全新战略,进一步加强和规范能源监管,建立健全能源市场体系,公平公正监管,有效促进能源高质量发展,为实现碳达峰、碳中和目标保驾护航。

一、深刻认识加强和规范能源监管的重要意义

(一)加强和规范能源监管是贯彻落实"四个革命、一个合作"能源安全新战略的必然要求

习近平总书记在论述"四个革命、一个合作"能源安全新战略时指出,要"坚定不移推进改革,还原能源商品属性,构建有效竞争的市场结构和市场体系,形成主要由市场决定能源价格的机制,转变政府对能源的监管方式,建立健全能源法治体系"。这是我们做好能源监管工作的根本遵循和行动指南。具体来说,重点要做好两个方面工作:一是构建有效竞争的市场结构和市场体系;二是转变政府对能源的监管方式。这两方面内容是有机联系、相辅相成

的。一方面要充分发挥市场"无形之手"对能源资源高效配置的决定性作用，另一方面必须要更好发挥政府"有形之手"的作用，及时矫正市场失灵，促进效率提高和市场公平的统一。

（二）加强和规范能源监管是转变政府职能、推动能源管理体制创新的必然要求

党的十九大报告中提出，要"转变政府职能，深化简政放权，创新监管方式，增强政府公信力和执行力，建设人民满意的服务型政府"。党的十九届四中全会进一步明确了坚持和完善中国特色社会主义制度、推进国家治理体系和治理能力现代化的总体要求。按照党中央、国务院要求，国家能源局已经取消下放大部分行政审批事项。如果不监管好，就很可能出现失管、失控的局面。加强和规范能源监管工作，就是要充分发挥国家能源局职能优势，进一步探索建立健全能源监管新机制，有效避免放权后的失管、失控，为我国在基础行业健全监管机制、完善政府管理体制、更好发挥政府作用等探索出一条切实可行、行之有效的途径。

（三）加强和规范能源监管是保障国家能源安全、实现能源可持续发展的必然要求

能源安全供应保障与经济社会发展和人民群众的利益息息相关，承担着重大的经济责任、政治责任和社会责任。目前我国已经是世界上最大的能源生产国和消费国，但能源行业发展中还存在一些亟待解决的问题，如能源结构和布局不尽合理，项目建设无序重复，部分地区弃风、弃光、弃水严重等问题，要求我们以问题和目

标为导向，突出重点，着力解决制约能源行业科学发展的重点问题，促进能源行业科学健康有序发展。同时，人民群众对能源服务质量的要求越来越高，需要我们加强能源普遍服务监管，不断提高能源服务质量和水平，保障人民群众日常用电、用气等需求，维护人民群众的切身利益。

（四）加强和规范能源监管是维护市场公平竞争、充分激发市场活力的必然要求

当前能源行业市场化改革不断深化，特别是电力、油气体制改革的加速推进，各种矛盾和问题陆续显现。随着市场主体数量的增加，不同的利益主体和不完全竞争的市场结构出现的利益纠纷也越来越多，要求政府加强市场行为监管，以解决市场失灵的问题，维护市场主体的合法权益。同时，在市场化改革的过程中，电网、油气管网等具有自然垄断、信息不对称等特点，迫切需要政府不断加强监管，限制和打破垄断，营造公平开放、竞争有序的市场环境，以免市场走偏走样甚至损毁市场化改革成果。

二、"十四五"加强和规范能源监管的重点任务

（一）不断完善能源监管体系

根据国务院"放管服"改革有关要求，国家能源局制定印发《进一步加强和规范能源监管工作的意见》（国能发监管〔2019〕83号）（以下简称83号文件），建立健全协同高效的能源监管工作体系。同时，建立健全能源监管制度，建立了能源监管任务清单、工

作例会、重要事项报告、执法信息通报等4项制度，推进能源监管工作规范化、程序化。

"十四五"时期，将紧紧围绕83号文件贯彻落实，不断完善能源监管体系，创新监管方式。一是持续完善能源监管制度。进一步细化派出机构信息报送工作制度，完善监管工作机制。进一步完善局机关有关司、各派出机构、有关直属事业单位监管工作的沟通协调机制，不断增强能源监管工作合力。二是明确能源监管重点任务。针对行业存在的突出问题和人民群众关心的问题，经综合考虑和统筹平衡，按年度制定印发《能源监管重点任务清单》，明确开展综合监管、专项监管和重点监管，同时定期对重点任务清单完成情况进行认真总结梳理。三是强化监管成果应用。落实《能源监管发现问题后续处理工作规范》，组织派出机构及时对监管过程中发现的问题进行梳理和分析，督促相关单位强化监管成果运用，通过印发监管报告、通报以及监管意见书、整改通知书等方式处理监管发现的问题，并为规划、政策制定提出意见建议，发挥好事中事后监管作用。四是持续提升监管能力。加强调查研究和机制创新，逐步加强对地方政府能源主管部门在监管工作方面的业务指导，探索开展行政监督工作，进一步研究理顺派出机构与地方能源主管部门之间的职责分工，在地方形成派出机构与地方政府部门间的监管合力。

（二）持续优化用电营商环境

"获得电力"工作是深化"放管服"改革、优化营商环境的重点任务。为贯彻落实党中央、国务院关于深化"放管服"改革、优化营商环境的决策部署,近年来,国家能源局与地方政府、有关部门和电网企业形成工作合力,扎实提升"获得电力"服务水平,取得了积极成效。世界银行《全球营商环境报告 2020》显示,我国营商环境总体得分 77.9 分,营商环境全球排名从 2017 年的第 78 名提升至 2019 年的第 32 名,连续两年被世界银行评选为全球营商环境改善幅度最大的 10 个经济体之一。我国"获得电力"全球排名由 2017 年的第 98 名大幅跃升至 2019 年的第 12 名,之后连续保持全球领先水平,为我国营商环境世界银行整体排名提升作出了重要贡献(见图 12-1)。

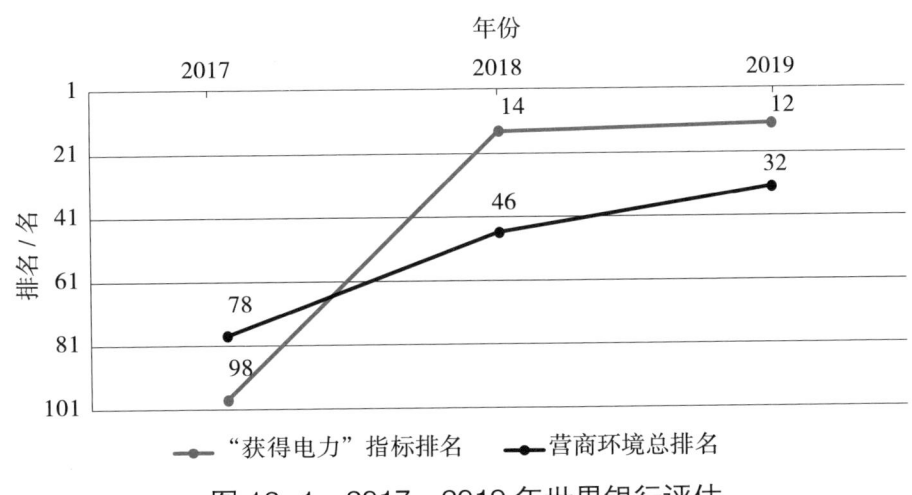

图 12-1 2017—2019 年世界银行评估
我国营商环境和"获得电力"指标全球排名情况

"十四五"时期,将继续贯彻落实党中央、国务院关于优化营商环境的决策部署,加快推广北京、上海等地行之有效的经验做法，推动我国"获得电力"服务水平整体提升。一是持续开展提升"获得电力"服务水平综合监管工作。督促落实《关于全面提升"获得电力"服务水平持续优化用电营商环境的意见》（发改能源规〔2020〕1479号），对监管发现的问题及时进行督促整改，确保各项工作取得实效。2022年底前，实现居民和160千瓦及以下低压用户"三零"服务全覆盖。二是持续做好"获得电力"指标世界银行评估工作。积极参与世界银行新一轮营商环境评估规则制定，大力推介我国"获得电力"改革实践实验，推动构建公平合理的"获得电力"评估标准。组织参评城市认真做好相关参评工作，同时对照国际一流标准，聚焦短板弱项，加大改革力度，以更多务实举措持续优化用电营商环境。

（三）深化电力市场监管

目前全国6个区域和31个省（区、市）均已出台电力中长期交易规则，交易体系全面建立，市场化交易电量由2016年的1万亿千瓦时增加到2020年的3万亿千瓦时，已占全社会用电量的40%。5年来累计降低实体经济企业用电成本近3 700亿元（见图12-2），参与市场化交易的清洁能源电量累计1.83万亿千瓦时。

电力辅助服务市场规则实现全面覆盖。截至2020年底，全国除西藏外，6个区域电网和30个省级电网启动电力辅助服务市场。2020年，全国通过调峰辅助服务增加系统调峰能力5 740万千瓦，为清洁能源增加发电空间近1 100亿千瓦时（见图12-3）。

图 12-2　2016—2020 年我国市场化交易电量和
降低实体经济企业用电成本情况

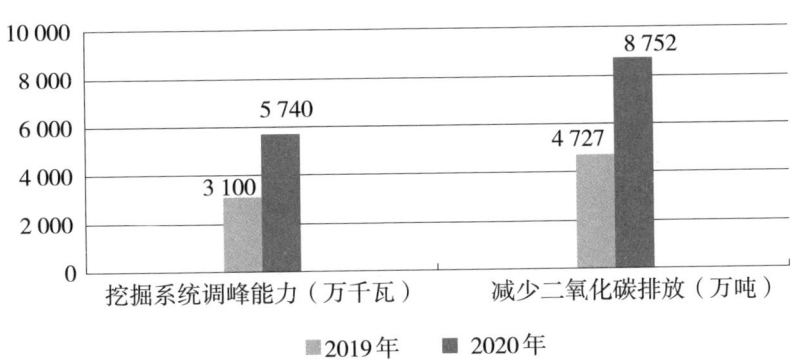

图 12-3　2019—2020 年我国挖掘系统调峰能力和减少二氧化碳排放情况

注：2019 年、2020 年，电力辅助服务市场分别挖掘系统调峰能力 3 100 万、5 740 万千瓦，增发清洁能源 850 亿、1 100 亿千瓦时，减少二氧化碳排放 4 727 万、8 752 万吨。

"十四五"时期，将持续深化电力市场监管。一是持续深化电力中长期交易机制建设，不断丰富交易品种，优化交易组织流程，缩短交易周期，增加交易频次，切实发挥中长期交易规避风险作用。积极推动符合条件的各类市场主体参与交易，允许所有制造业企业参与电力市场化交易，鼓励储能、虚拟电厂等新业态参与市场。健全跨省跨区电力中长期市场机制，扩大跨省跨区交易规模，促进资源在更大范围内优化配置。二是深化完善辅助服务市场机制建设。主动适应新型电力系统对辅助服务的需要。针对新型电力系统"双高"特征，完善现有调峰、调频、备用等辅助服务交易品种，因地制宜探索研究灵活爬坡等新型辅助服务交易品种，研究建立跨省跨区备用等辅助服务市场机制，推动用户可调节负荷参与辅助服务市场，促进辅助服务市场在确保系统稳定运行、保障新能源消纳和降低用能成本等方面，发挥更加不可替代的作用。三是加强电力市场秩序监管，组织开展重点地区电力中长期交易市场秩序专项监管，加强市场监测和风险防控。每年定期组织召开电力央企总部层面的电力调度交易与市场秩序厂网联席会议，常态化搭建厂网之间充分交流、有效沟通、协调解决问题的平台，进一步营造和谐有序的厂网关系，规范调度交易秩序。

（四）强化国家能源重大规划政策落实情况监管

2020年，国家能源局组织派出机构开展了"十三五"能源规划重点目标落实情况综合监管、清洁能源消纳情况综合监管、煤矿项目核准建设情况专项监管、乙醇汽油推广政策落实情况专项监管等，共发现七个方面1 050个问题，主要涉及能源规划政策落实、能源项目核准建设和运营合规性、电力调度和交易、清洁能源消纳、供电服务质量和水平、能源信息报送及披露等方面。对发现的问题，对相关单位已分别采取责令整改、监管约谈、监管通报及行政处罚等方式进行了处理，有效促进了问题解决，确保国家能源规划、政策落地，不跑偏。

"十四五"时期，将紧紧围绕党和国家中心工作，组织开展能源重大规划、政策落实情况监管。一是持续抓好年度重点监管任务的组织实施。结合"十四五"现代能源体系规划及各专项规划的出台情况，按年度确定重点监管任务，及时发现规划执行中存在的问题，帮助协调解决实施中遇到的困难，促进规划高效实施。二是强化监管成果运用。组织派出机构做好后续问题督促整改和监管报告编制发布相关工作，提升监管的严肃性和权威性。

（五）强化能源行业自然垄断环节监管

电网、油气管网具有自然垄断特性，必须加强政府监管。为进一步规范电网公平开放行为，已研究制定电网公平开放监管实施办法，对电源接入电网，以及地方电网、增量配电网与省级及以下电网互联工程建设项目的流程、时限、信息公开等事项提出了明确要求。组织对电网企业总部层面和北京、广州电力交易中心，开展跨省跨区电力交易与市场秩序专项监管，纠正了不合规、不合理交易，督促交易机构加强履职尽责，健全完善了交易长效机制，维护了国家政策严肃性。持续深化油气管网设施公平开放监管，组织开展天然气管网和LNG接收站公平开放专项监管，及时发现存在的问题，并提出整改意见和要求。上线运行全国油气管网设施信息公开平台，加强管网设施信息公开和信息报送。

"十四五"时期,将进一步加大电网、油气管网公平开放监管力度。一是继续强化对电网公平开放行为监管,督促电网企业将《电网公平开放监管办法》落实到位,对发现的问题及时进行督促整改,持续提升电网开放公平服务水平。二是健全完善油气管网公平开放监管制度体系,会同相关部门尽快制定印发管网运行调度和管输容量分配规则工作,研究制定管网托运商准入规则,积极推动公平开放相关行业标准的编制工作。三是加强信息公开和信息报送监管力度。指导派出机构要加强与辖区内电力、油气企业沟通联系,进一步做好辖区内信息报送及监管工作。加强信息平台建设,强化信息数据安全管理,进一步发挥信息平台的数据统计汇总、趋势分析功能,为监管和政策制定提供参考。四是适时组织开展专项监管。组织派出机构开展电网、天然气管网设施公平开放专项监管,督促相关企业严格落实国家相关要求,及时研究解决公平开放中存在的问题。

(六)不断加大行政执法力度

近年来,能源行政执法工作制度不断健全,制定和修订了《国家能源局行政处罚程序规定》《国家能源局行政强制工作规定》等18个规范性文件,行政处罚、行政强制、投诉举报办理、争议纠纷处理等工作都实现了有法可依、有章可循。行政执法力度不断加强,每年立案查处违法违规案件一百多起,罚没金额均在千万元以上,有效震慑了违法行为,维护了能源市场良好秩序。除电力行业外,在油气、煤炭、新能源等领域开展了执法实践和探索,查处了多起非电领域的案件。经过几年的努力，12398能源监管热线每年处理有效信息10万余件，处理投诉举报案件6 000多件。

"十四五"时期，将不断加大行政执法工作力度。一是完善行政执法工作程序和行政处罚工作机制，进一步提升行政执法的规范性。加大行政执法工作力度，严厉打击能源市场违法乱象，严肃查处有社会影响的典型性违法案件，维护良好的市场秩序。加大对违法行为曝光力度，着力震慑违法违规行为。二是继续加强12398能源监管热线运行管理，推广互联网应用手段，方便人民群众反映用能诉求。加大投诉举报事项处理工作力度，认真处理各类投诉举报事项，及时纠正有关企业的违规行为，维护群众合法权益。定期发布投诉举报处理情况，充分发挥舆论监督作用。三是深入开展争议纠纷调解和行政裁决工作，积极化解能源行业市场主体矛盾纠纷。

第十三讲　开拓能源国际合作新局面

党的十八大以来，我国能源国际合作立足保障能源安全，坚持绿色低碳转型发展，持续深化能源领域对外开放，推动高质量共建"一带一路"，积极参与全球能源治理，携手各国应对全球气候变化，在更大范围、更宽领域和更深层次参与国际能源合作，开创了绿色能源务实合作和全球能源治理变革双轮驱动的新局面。

一、我国能源国际合作现状

近年来，我国以共建"一带一路"倡议和能源安全新战略为指引，统筹推进能源国际合作，取得积极进展。

（一）顶层设计不断加强

先后发布《新时代的中国能源发展》白皮书、共建"一带一路"能源合作愿景与行动以及海外能源高质量发展等多份指导性文件，能源国际合作战略方针、政策体系基本确立。大幅放宽能源领域外商投资准入，全面取消煤炭、油气、电力（除核电外）、新能源等领域外资准入限制，促进能源领域贸易和投资自由化、便利化。

（二）务实合作成果丰硕

先后与 50 多个国家和地区建立政府间能源合作机制，与 30 多个能源类国际组织和多边机制建立合作关系，与多个国家和地区开展双边能源合作规划。推动中俄、中国 – 中亚、中缅油气管道，巴西美丽山特高压直流输电，巴基斯坦恰希玛核电站等一大批标志性重大能源项目相继落地。搭建我国与东盟、阿盟、非盟、中东欧等区域能源合作平台，推动能力建设、技术交流与项目合作。

（三）治理能力持续提升

正式加入联合国"人人享有可持续能源"行动，积极响应"确保人人获得负担得起的、可靠和可持续的现代能源"的可持续发展目标，在发展中国家率先实现全民通电。支持欠发达国家和地区获得基本能源服务、培训能源专业人才、完善能源服务体系、努力解决能源贫困问题。先后成为国际可再生能源署成员国、国际能源宪章签约观察国和国际能源署联盟国。成功主办"一带一路"能源部长会议、国际能源变革论坛、亚太经合组织能源部长会议、二十国集团能源部长会议、金砖国家能源部长会议等重要国际会议。

二、我国能源国际合作面临的形势

世界百年未有之大变局正加速演变，新一轮科技革命和产业变革带来的激烈竞争前所未有，能源国际合作面临的国际环境日趋复杂，不稳定性、不确定性因素增多。与此同时，全球能源绿色低碳转型发展势不可挡，能源治理体系有待调整革新，新发展机遇初步显现。

（一）全球能源供需格局深入演变

全球能源供需版图深度调整，能源领域传统安全与非传统安全交织。能源低碳转型、地缘政治冲突推动并加速全球能源格局重塑，大国间能源博弈的平衡将被打破。消费重心东倾、生产重心西移，亚太地区成为能源需求增长的主要地区，北美地区原油生产增量占全球增量的比重超过80%。受局部形势影响，欧洲等国积极谋划摆脱对化石能源的依赖，导致能源价格上涨助推全球通货膨胀，给世界经济复苏带来挑战。

（二）能源绿色低碳转型加速推进

全球能源结构加快调整，风能和太阳能利用实现跃升发展，规模增长了数十倍。全球应对气候变化开启新征程，《巴黎协定》得到国际社会广泛支持和参与，近五年来可再生能源约提供了全球新增发电量的60%。超过130个国家和地区提出了碳中和目标，加快能源低碳转型已成为世界各国共识。世界主要经济体争相推动经济绿色复苏，绿色产业已成为重要投资领域。

（三）创新引领能源发展作用凸显

创新是引领发展的第一动力。当前，在能源革命和数字革命双重驱动下，全球新一轮科技革命和产业变革方兴未艾。能源科技创新进入持续高度活跃期，低风速风力发电技术、光伏电池转换效率等不断取得新突破，三代核电技术日趋成熟，±500千伏柔性直流电网、±1 100千伏直流输电等重大项目陆续投产。先进核能、智慧能源、新型储能、氢能等新兴能源技术正以前所未有的速度加快迭代，成为全球能源转型变革的核心驱动力。

三、能源国际合作的总体思路

"十四五"时期，我国能源对外合作的总体思路是，以习近平新时代中国特色社会主义思想为指导，全面贯彻党的十九大和十九届历次全会精神，落实"四个革命、一个合作"能源安全新战略，以共建"一带一路"为引领，秉持共商共建共享原则，努力实现高标准、惠民生、可持续目标，践行全球发展倡议，全面推动能源国际合作高质量发展。

一是以更高标准提升海外能源供应能力，巩固和拓展与能源资源出口大国互利共赢合作，实现开放条件下的能源安全，确保我国能源行业长期安全稳定发展。

二是以更高要求开展能源绿色发展国际合作，推动各国经济绿色低碳复苏，引领全球能源绿色低碳转型。提升能源国际合作品质与形象。

三是以更大决心推进务实能源合作，聚焦重点国家和重点项目，集中优势资源，一国一策，精准发力，实现重点突破，注重并探索三方、多方合作。

四是以更高起点谋划全球能源治理，推动构建全球能源治理新秩序，建设和运营好"一带一路"能源合作伙伴关系，加强与主要能源国际组织的交流合作。

四、能源国际合作的主要任务

（一）加强与资源国合作，深化基础设施互联互通

持续巩固推动与重点能源资源国的合作，加强与重点能源资源消费国的交流与合作。优化完善贸易网络，持续提高国际贸易运作水平。保障四大油气进口通道安全，打造多元的进口格局。积极推动跨国、跨区域能源基础设施联通，在更大范围内促进能源资源优化配置，进一步提升能源资源安全保障能力。推进与周边国家和地区电网互联，开展区域电网升级改造合作。

（二）坚持绿色发展理念，高质量推进"一带一路"能源合作

大力支持发展中国家绿色低碳发展，不再新建境外煤电项目。深化太阳能发电、风电等绿色能源产业合作，发挥我国新能源产业优势，充分对接共建"一带一路"沿线国家能源发展需求，巩固与拓展与相关国家绿色发展战略对接。创新能源合作模式，积极探索与发达国家、东道国和跨国公司开展三方、多方合作的有效途径。全面强化风险防控，严防严控企业海外无序竞争。在海外建成一批经济效益好、示范效应强的绿色能源最佳实践项目。

（三）强化科技创新引领，提升全产业链现代化水平

不断完善中欧能源技术创新合作机制，扩大中欧能源合作最大公约数，促进国外先进技术"引进来"。重点围绕高效低成本可再生能源发电、储能、氢能、二氧化碳捕集利用与封存等领域开展产学研合作，加快开放条件下能源领域自主科学技术创新与突破，带

动我国核电技术、特高压直流输电技术及成套设备等绿色能源先进技术、装备及工程服务"走出去",实现能源全产业链发展水平提质升级。大力推进能源标准国际化,进一步推动技术标准交流合作与互认,提升我国在国际认证、认可及检测等领域的贡献度。

(四)贡献中国能源力量,深度参与全球能源治理

运营好"一带一路"能源合作伙伴关系,办好国际能源变革论坛,持续在国际场合发出中国声音,提供中国方案。用好我国与阿盟、非盟、东盟、中东欧等相关能源合作平台,加强能力建设、技术交流与联合研究,推动务实合作。加强与国际能源署、国际可再生能源署、石油输出国组织等国际组织的合作,积极参与在联合国、二十国集团、亚太经合组织等多边框架下的能源合作,为完善全球能源治理体系贡献中国力量。

(五)践行可持续发展理念,携手应对全球气候变化

坚持共同但有区别的责任原则,关注发展中国家能源发展和民生需求,加强与美欧在清洁能源领域的合作与交流,形成能源领域应对气候变化和推动绿色发展合力,推动落实《联合国气候变化框架公约》及其《巴黎协定》。积极开展能源领域气候变化南南合作,支持发展中国家落实联合国2030年可持续发展议程,提升能源领域应对气候变化能力。

附录　名词解释

1. 一次能源

一次能源是指以天然形式存在的、没有经过加工和转换的能源资源，如原煤、原油、天然气、水能、核能、风能、太阳能、生物质能、地热能、海洋能（潮汐能、波浪能等）等。

2. 二次能源

二次能源是指由一次能源加工转换形成的能源产品，如电力、热力、焦炭、煤气、汽油、煤油、柴油、液化石油气、沼气、氢能等，也包括由一种二次能源加工转换的另一种二次能源，如电解水制氢等。

3. 化石能源

化石能源是指由古代生物遗骸沉积形成的、可提供能量的能源资源，如原煤、原油、天然气等。

4. 非化石能源

非化石能源是指除原煤、原油、天然气等化石能源外的其他一次能源，如水能、核能、风能、太阳能、生物质能、地热能、海洋能等。

5. 可再生能源

可再生能源是指自然环境为人类持续不断提供有用能量的能

源资源，即除核能外的非化石能源，如水能、风能、太阳能、生物质能、地热能、海洋能等。

6. 清洁能源

清洁能源是指消费过程中，温室气体、大气污染物（以及有损环境的液体、固体废弃物）零排放或低排放的一次能源（如天然气、核能、水能、风能、太阳能、生物质能、地热能、海洋能等）及由其加工转换的电力、热力、动力、氢能等二次能源。

7. 新能源

新能源是指在新技术的基础上系统开发利用，并随着技术、经济水平进步具有广泛应用前景的能源。新能源的范围随着技术进步而有所变化，现阶段主要包括风能、太阳能、生物质能、地热能、海洋能、氢能等。

8. 非常规油气

非常规油气主要是指致密和超致密砂岩油气、页岩油气、超重（稠）油、沥青砂岩、煤层气、水溶气、天然气水合物等用传统技术无法获得自然工业产量、需用新技术改善储层渗透率或流体黏度等才能经济开采、连续或准连续型聚集的油气资源。

9. 新型储能

新型储能是指用除抽水蓄能外的其他技术储能，主要包括电化学储能、重力势能储能、飞轮储能、压缩空气储能等。

10. 氢能

氢能是一种二次能源，具有能量密度高、热值高、燃烧清洁充分的特点。氢能主要通过电解水制氢、煤制氢、天然气制氢、工业副产氢等方式制取。

11. 能源自给率

能源自给率是指一定地域范围内一次能源生产总量与能源消费总量的百分比，表示一个国家或地区能源生产满足消费的程度。能源自给率越高，对外依赖性就越小，反之越大。

12. 增量配电网

增量配电网是指新增的以工业园区（经济开发区）为主的局域电网，其电压等级可以是110千伏或220（330）千伏及以下。设置增量配电网的目的是鼓励社会资本投资、建设、运营，通过竞争创新，为用户提供安全、方便、快捷的供电服务。

13. 第四代核电

第四代核电是一种具有更好的安全性、经济竞争力，核废物量少，可有效防止核扩散的先进核电系统。

14. 主动配电网

主动配电网是内部具有分布式或分散式能源，具有控制和运行能力的配电网。主动配电网有四个特征，一是具备一定分布式可控资源，二是有较为完善的可观可控水平，三是具有实现协调优化管理的管控中心，四是可灵活调节的网络拓扑结构。

15. 直流配电网

直流配电网是指从电源侧（输电网、发电设施、分布式电源等）馈入电能，并通过配电设施，采用直流就地或逐级向各类用户分配电能的网络。

16. 智能微电网

智能微电网是将可再生能源发电技术（风力发电、光伏发电、生物质能发电等）、能源管理系统和输配电基础设施高度集成的新型电网，是规模较小的独立发配电系统，能够实现自我控制、保护和管理。

17. 火电机组灵活性改造

火电机组灵活性改造是指对火电机组实施技术改造，实现扩宽火电机组连续稳定出力范围，提高机组功率调整速率，提高火电机组应对出力需求波动的响应能力等目的。

18. 需求侧响应能力

需求侧响应是指电力用户接收到供电方发出的引导性减少负荷的直接补偿通知，或者电力价格上升信号后，改变其固有的习惯用电模式，达到减少或者推移某时段的用电负荷而响应电力供应，从而保障电网稳定，并抑制电价上升的短期行为。需求侧响应能力是指系统中能够提供需求侧响应的负荷占总负荷的比重。

19. 二氧化碳驱油技术

二氧化碳驱油技术是把二氧化碳注入油层中以提高油田采油率的技术。二氧化碳在原油中溶解度很高，当大量二氧化碳溶解于原油时，可以使原油体积膨胀，黏度下降，流动性增加，方便采收。使用二氧化碳驱油可以提高采收率，延长油田寿命。

20. 用能权交易

用能权是指在能源消费总量和强度控制的政策下，用能单位经核发或交易取得、允许其使用或投入生产的综合能源消费量权益。用能权交易的目的是通过市场化的手段，调节企业用能权余缺。

21. 碳排放权交易

碳排放权交易是一种可交易的配额制度，即允许企业在不突破碳排放交易规定的排放总量的前提下，可以用经济手段交易各自拥有的碳排放权，是运用市场机制来促进全球温室气体减排，减少全球二氧化碳排放。

22. 柔性直流

柔性直流输电是一种以电压源换流器、自关断器件作为核心的新一代直流输电技术，具有可向无源网络供电、有功无功独立控制以及易于构成多端直流系统等优点。

23. 新能源汽车与电网能量互动

新能源汽车与电网（V2G）能量互动技术是利用大量电动汽车的储能电池作为电网和可再生能源的缓冲，新能源汽车可以在电网电力供应不足的时候放电提供出力，在电网功率过剩的时候充电吸收多余的能量，为电网提供移峰填谷、旋转备用和电压支持等，同时可以为新能源车主创造收益。

24. 虚拟电厂

虚拟电厂是聚合优化"源网荷储售服"清洁发展的新一代智能控制技术和互动商业模式。它依托现代化的信息通信和先进的智能技术，把多类型、多能流、多主体资源以电为中心相聚合，实现电源侧的多能互补、负荷侧的柔性互动，促进能源流、业务流、数据流"三流合一",对电网提供调峰、调频、备用等辅助服务,并为用户和分布式能源等市场主体提供参与电力市场交易的途径。

25. 高温气冷堆

高温气冷堆是以氦气为冷却剂,石墨为慢化剂和结构材料,涂覆颗粒燃料,冷却剂出口温度可达750~950℃的核反应堆。具有热效率高、燃耗深等优点,由于氦气化学稳定性好、传热性能好,而且诱生放射性小,停堆后能将余热安全导出,因而安全性能好。

26. 模块化小型堆

小型堆是指发电功率小于30万千瓦的核反应堆。模块化是指系统和设备可在工厂或现场完成组装,并作为一个单元整体进行运输和安装。模块化小型堆具有安全性高、灵活性强、用途多样等特点。

27. 快堆

快堆是快中子反应堆的简称,主要利用快中子来引起链式裂变反应。快堆以钚239为燃料,钚239裂变又可将占铀大部分的铀238转化成钚239,实现核燃料增殖,能够使铀的利用率比普通压水堆大大提高。

28. 低温供热堆

低温供热堆技术采用一体化布置、全功率自然循环冷却、自稳压、双层承压壳的设计方案,从原理上确保反应堆的安全运行。主要用于城市供热、海水淡化、工业蒸汽制取等领域。

29. 海上浮动式核动力平台

海上浮动式核动力平台是小型核反应堆与船舶工程的有机结合，可为海洋石油开采和偏远岛屿提供安全、有效的能源供给，也可用于大功率船舶和海水淡化领域。

30. 二氧化碳捕集利用与封存

二氧化碳捕集利用与封存（CCUS）是指通过技术手段将工业和能源有关产业所排放的二氧化碳分离出来，再将其投入到新的生产过程中循环再利用、封存等。二氧化碳利用可以将被捕集的二氧化碳资源化，能产生效益。二氧化碳封存主要分为地质封存、地表封存和海洋封存等。

31. 华龙一号

"华龙一号"是我国在30多年核电建设运营成熟经验基础上，吸收世界核电先进设计理念，根据福岛核事故经验反馈以及中国和全球最新安全要求，研发的百万千瓦级三代压水堆核电技术，具有自主知识产权。

32. 国和一号

"国和一号"是我国在引进消化吸收基础上，创新开发的自主三代核电技术，代表当今世界三代核电技术的先进水平，采用"非能动"安全设计理念，在简化安全系统和设备的同时，提升了核电站安全水平。

33. 煤炭间接液化

煤炭间接液化是先把煤炭在高温下与氧气和水蒸气反应，使煤炭全部气化、转化成合成气（一氧化碳和氢气的混合物），然后再在催化剂的作用下合成为液体燃料的工艺技术。

34. 煤电超低排放

煤电超低排放是指火电厂燃煤锅炉在发电运行、末端治理等过程中，采用多种污染物高效协同脱除集成系统技术，使烟尘、二氧化硫、氮氧化物等大气污染物排放浓度基本符合燃气机组排放限值，是燃煤发电机组清洁生产水平的新标杆。

35. 电化学储能

电化学储能是通过化学反应在电池内完成的能量储存形式。在能源领域，电化学储能主要包含铅酸电池、锂离子电池、液流电池、钠离子电池、固态电池等。

36. 压缩空气储能

压缩空气储能是指利用电能将空气压缩至高压并存于洞穴或压力容器中，根据用电需要，将高压空气释放，驱动透平发电的储能方式。

37. 燃料电池

燃料电池是一种把燃料所具有的化学能直接转换成电能的化学装置，不必经过热机过程，因而能量转化效率高。燃料电池装置不含或含有很少的运动部件，工作可靠，较少需要维修，且比传统发电机组安静。

38. 电力中长期交易

电力中长期交易指发电企业、电力用户、售电公司等市场主体，通过双边协商、集中交易等市场化方式，开展的多年、年、季、月、周、多日等电力批发交易。

39. 电力现货市场

电力现货市场主要包括日前、日内和实时的电能量与备用等辅助服务交易市场。国内电力现货交易的定位是市场化电力电量平衡机制的补充部分，发挥发现价格、完善交易品种、形成充分竞争的作用。

40. 电力辅助服务市场

电力辅助服务是指为维护电力系统的安全稳定运行，保证电能质量，除正常电能生产、输送、使用外，由发电企业、电网经营企业和电力用户提供的服务，包括一次调频、自动发电控制、调峰、无功调节、备用、黑启动等。电力辅助服务市场用于交易电力辅助服务需求和能力。

41. 光伏建筑一体化

光伏建筑一体化（BIPV）是与建筑物同时设计、同时施工和安装并与建筑物结合的太阳能光伏发电系统，它作为建筑物外部结构的一部分，既具有发电功能，又具有建筑构件和建筑材料的功能，甚至还可以提升建筑物的美感，如光伏屋顶、光伏幕墙等。

42. 干热岩开发

干热岩是不含或仅含少量流体，温度高于180℃，其热能在当前技术经济条件下可以利用的岩体。干热岩主要被用来提取其内部的热量，用于发电或供热，是一种清洁资源。干热岩开发是指通过钻井、储层激发、循环取热或其他技术手段对干热岩地热能资源进行开发来达到利用的目的。

43. 光伏治沙

光伏治沙是指利用光伏组件遮蔽阳光直射，有效降低地表水的蒸发，降低风速，促进牧草等地表植被保持生长，进而实现固沙保水的技术。

44. 地下储气库

地下储气库是用于储存天然气的地质构造和配套设施，用于在平时将天然气注入地下保存，需求高峰时释放储备以保障供给。

45. 煤炭地下气化

煤炭地下气化是开采煤炭的一种新工艺，其特点是对埋藏在地下的煤炭进行可控制燃烧，通过一系列热作用和化学作用产生可燃气体，使现有矿井的地下作业改为采气作业，可有效利用难开采、开采经济性及安全性较差的煤炭资源。

46. LNG 冷能

LNG 冷能是液化天然气相比环境参数所具备的势能差。LNG 通常在 −162℃ 低温储存，使用前需要气化为常温状态，会吸收很多热量，即释放冷能。LNG 冷能的利用主要是依靠 LNG 在气化过程中与周围环境之间存在的温度和压力差回收储存在 LNG 中的能量，可用于空气分离、制冰、发电、橡胶粉碎等。

47. 调相机

调相机是指与电网相连，不发电或带机械负载，仅通过改变励磁电流的方式向电网输送或吸收无功功率的一种大型同步电机。

48. 黑启动电源

黑启动电源是指整个电网因故障崩溃停运、系统全部停电处于全"黑"状态后，能够带动无自启动能力的机组逐步扩大系统的恢复范围，最终实现整个系统恢复和供电的电源。

49. 绿色金融

绿色金融是指为支持环境改善、应对气候变化和资源节约高效利用而进行的经济活动，即对环保、节能、清洁能源、绿色交通、绿色建筑等领域的项目投融资、项目运营、风险管理等所提供的金融服务。

后 记

本书在国家能源局党组直接领导下，由国家能源局发展规划司、法制和体制改革司、能源节约和科技装备司、电力司、核电司、煤炭司、石油天然气司、新能源和可再生能源司、市场监管司、电力安全监管司、国际合作司共同编写，中国能源传媒集团负责具体出版工作。

参与本书编撰工作的主要人员有葛炬、于飞、方竹、张斌、潘华、焦冰琦、陈宜、刘畅、徐英新、叶睿、王硕、李刚、李天枭、杨旸、张晓东、丁莹、韩逾瑾、纪星星、姬大潜、徐欣、王立新、冯波、张彦文、刘明阳、马军、张宇、李晓萌、魏青山、朱安愚、朱玉龙、谢星罡、崔广胜、查浩、王云波、周偶、张锐、张超、杨洋、蒲云超等同志。

谨对所有给予本书指导支持的单位和同志表示衷心感谢！